Campagne de 1866

en Bohême

Général CAMON

Campagne de 1866 en Bohême

Avec 2 croquis dans le texte
et 2 hors texte

PARIS
ÉDITIONS BERGER-LEVRAULT
1929

DU MÊME AUTEUR

GUERRE NAPOLÉONIENNE

La Guerre napoléonienne.

— 1re partie. — *Précis des campagnes.* 7e édition. 1925. 2 vol. in-8, 283 et 211 pages, avec cartes et croquis . . . . **20 fr. »**

— 2e partie. — *Les Systèmes d'opérations.* Théorie et technique. 1907. Un vol. in-8 de 382 pages, avec cartes et croquis . . . . **10 fr. »**

— 3e partie. — *Les Batailles.* 1910. Un vol. in-8 de 585 pages, avec cartes et croquis, et un atlas de 17 cartes in-folio . . . . **15 fr. »**

Le Système de guerre de Napoléon. 1923. Un vol. in-8 de 144 pages, avec 47 cartes dans le texte. **8 fr. »**

La Bataille napoléonienne. 1899. Brochure in-8 de 59 pages . . **2 fr. 50**

Préparation stratégique des actions décisives. *Analyse de la campagne de 1809 en Italie et en Allemagne.* 1890. Un vol. in-8 de 191 pages. **(*Épuisé.*)**

Campagne de 1813 en Allemagne. 1892. Un vol. in-8 de 136 pages. **(*Épuisé.*)**

La Fortification dans la guerre napoléonienne. 1914. Un vol. in-8 de 92 pages, avec figures . . . . **3 fr. »**

La Manœuvre de Wagram. 1926. Un vol. in-8 de 80 pages, avec fig. **6 fr.**

GUERRE DE 1870

Le Plan de Campagne français. 1911. Un vol. in-8 de 104 pages. **(*Épuisé.*)**

GUERRE DE 1914-1918

L'Effondrement du plan allemand en septembre 1914. 2e édition. 1925. Un vol. in-8 de 160 pages, avec 22 cartes et croquis . . . . . . **10 fr. »**

Ludendorff sur le front russe, 1914-1915. Manœuvres et batailles. 2e édition 1927. Un vol. in-8 de 131 pages, avec 24 croquis . . **8 fr. »**

DIVERS

Clausewitz. 1911. Un vol. in-8, avec 17 cartes . . . . **7 fr. »**

Le Grand État-major et les États-majors d'armée. 1889. Brochure in-8. **(*Épuisé.*)**

Le Commandement et ses auxiliaires. 1893. Brochure in-8. . . **(*Épuisé.*)**

Indications sommaires sur la bataille. 1891. Brochure in-12 . . **(*Épuisé.*)**

La Manœuvre napoléonienne dans le combat de cavalerie. 1912. Brochure in-12, avec croquis. . . . . **0 fr. 75**

La Motorisation de l'armée et la manœuvre stratégique, 2e édition. 1928. Volume in-8, avec 9 croquis. . . . . **6 fr. »**

Pour apprendre l'Art de la Guerre. Volume in-8, avec 30 croquis ou cartes, 1 tableau synoptique, hors texte . . . . **15 fr. »**

(BERGER-LEVRAULT, ÉDITEURS)

Général CAMON

Campagne de 1866 en Bohême

Avec 2 croquis dans le texte
et 2 hors texte

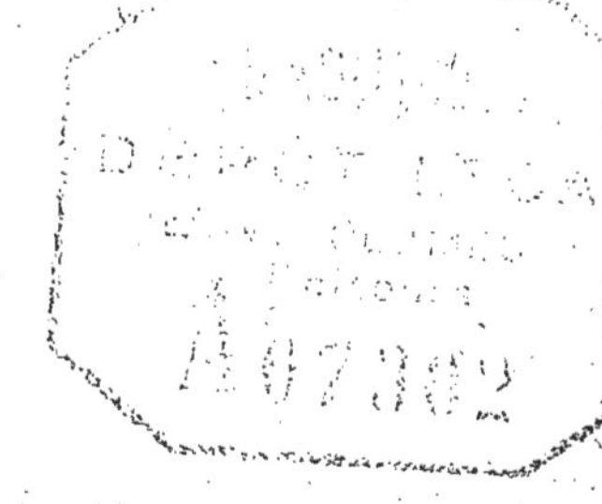

PARIS
ÉDITIONS BERGER-LEVRAULT
136, Boulevard Saint-Germain (VIe)
1929

AVANT-PROPOS

Sur le champ de bataille de Waterloo s'était terminée la *phase napoléonienne* de la guerre.

Une autre phase allait commencer : la *phase prussienne* caractérisée par le *nombre* obtenu par le système de la *Nation armée.*

Cette phase qui a eu pour résultat la constitution de l'Empire allemand comprend un *prologue:* la guerre des duchés de 1864 et deux **actes** : les guerres de 1866 et de 1870.

Laissant de côté la guerre des duchés peu intéressante au point de vue militaire, je ne m'occuperai ici que de la campagne de 1866 en Bohême.

Cette campagne est comme un exercice préliminaire pour celle de 1870.

L'objet de cette étude étant d'exposer les procédés prussiens pour la conduite de la guerre, je me placerai du côté prussien et ne dirai des Autrichiens que ce que l'État-major prussien pouvait en connaître au jour le jour. J'y ajouterai toutefois les éclaircissements indispensables à l'intelligence des opérations.

J'ai écrit cette étude en 1902 pour les élèves de l'École d'application de l'artillerie et du génie de Fontainebleau alors que j'étais directeur du cours d'art militaire de cette École.

Il m'a paru qu'elle pouvait être utile à nos officiers, notamment aux candidats à l'École de Guerre, au programme d'entrée de laquelle cette campagne restera sans doute longtemps encore.

Elle a en effet un double intérêt historique et didactique; historique, puisque c'est par elle que Bismarck a consommé son travail d'unification de l'Allemagne sous l'hégémonie prussienne; didactique, puisqu'on y voit naître le système stratégique et le système de bataille que le Grand État-major allemand applique en 1870 et dans certaines situations de la guerre mondiale.

J'ai simplifié toutefois, sur différents points, mon ancien texte : notamment pour les combats. Les effets du fusil, du canon sont depuis lors devenus tels que les procédés de combat des Prussiens n'ont plus aujourd'hui qu'un intérêt historique.

Je ne me suis pas étendu sur ce qu'on appelle quelquefois la *logistique*, c'est-à-dire le détail des marches. Avec la motorisation des armées, il y aura trop de changements en logistique pour que l'étude des procédés de 1866 puisse être instructive.

J'ai insisté sur les *formes* ou *systèmes* de manœuvres et de bataille des Prussiens, car formes et systèmes survivent aux moyens de guerre employés; nous les retrouverons en 1870 et en 1914.

1er novembre 1928.

Général CAMON.

Campagne de 1866 en Bohême

PREMIÈRE PARTIE

DES ORIGINES DE LA GUERRE AUX PREMIÈRES OPÉRATIONS

CHAPITRE I

CAUSES DE LA GUERRE

Du jour où la Prusse de Frédéric le Grand commença à compter comme puissance militaire, la lutte pour l'hégémonie de l'Allemagne fut ouverte entre elle et l'Autriche.

L'action commune contre la France l'interrompit de 1792 à 1815.

En 1815, la Prusse en recevant comme prix de son décisif concours une tranche de la Saxe, la Westphalie et les Provinces rhénanes, se crut lésée. De plus, l'organisation de l'Allemagne en « Confédération germanique » avec une diète à Francfort sous la présidence de l'Autriche, l'avait rejetée nettement au second plan.

En 1848, dans la grande commotion révolutionnaire qui ébranla l'Europe, elle faillit passer au premier.

En quête d'un souverain ouvert aux idées libérales, l'assemblée nationale de Francfort, issue du suffrage universel, offre au roi de Prusse, Frédéric-Guillaume IV, la couronne d'un empire allemand démocratique. Frédéric-Guillaume refuse avec mépris. Peu après d'ailleurs il s'efforce de se procurer par lui-même le titre qu'il vient de refuser de la Révolution. Il fait alliance avec quelques États allemands et convoque un parlement à Erfurt.

Mais l'Autriche intervient, exige la réouverture de la Diète de Francfort et force à Olmütz (1856) la Prusse à renier tout ce qui s'est fait en Allemagne sous son inspiration depuis 1848.

En 1862, le prince Guillaume, régent du royaume depuis la folie de son frère, montait sur le trône de Prusse à l'âge de soixante-deux ans sous le nom de Guillaume Ier. Il avait à cœur de laver l'affront d'Olmütz. Et pour réussir, il méditait une réforme de l'armée prussienne qui lui donnerait la force nécessaire. Cette réforme consistait essentiellement à incorporer tout le contingent annuel. La question des crédits indispensables souleva immédiatement l'opposition du Landtag. Le seul moyen pour aboutir était de dissoudre le Landtag, c'est-à-dire de violer la constitution jurée, à laquelle Guillaume d'ailleurs ne reconnaissait pas le droit de

« limiter son pouvoir qui avait pour principe la grâce de Dieu et pour fin le bien de l'État » (1).

Pour mener cette lutte contre le Landtag où il risquait sa couronne, Guillaume Ier se résigna à prendre, à titre de premier ministre, l'homme qu'on lui signalait comme le seul capable de la mener à bien : M. de Bismarck. Le Landtag fut dissous, la réforme fut accomplie.

Voyons en quoi elle consistait.

Préparation de l'armée prussienne

Après 1806, contraint par Napoléon à tenir son effectif de paix au-dessous de 40.000 hommes, le roi de Prusse, sous l'inspiration de Scharnhorst, avait fait de cette clause

(1) Lavisse, *Trois empereurs*.

humiliante la base d'une organisation militaire nouvelle qui, en cas de guerre, devait lui fournir une armée puissante : il osa adopter le service de courte durée. Renouvelant constamment ses effectifs, il se procura une réserve instruite considérable. Dès 1813, la Prusse put fournir 200.000 hommes à la coalition.

Admirable exemple d'une nation qui sait se réformer après un désastre, l'automate prussien avait été vaincu par les soldats improvisés de la Révolution, on renonce aux soldats de métier et l'on fait confiance au sentiment du devoir, à l'amour de la patrie et du Roi : *für Gott, für König, für Vaterland.*

Après la chute de Napoléon, la Prusse s'était gardée de revenir au service à long terme. Une loi de 1814, complétée par les ordonnances de 1820, fixa comme suit le service dû par tout homme valide : trois ans dans l'armée active, deux ans dans la réserve d'où il passe dans la landwehr jusqu'à quarante ans.

En 1860, cette organisation avait été remaniée. Bien que des accroissements successifs de territoire eussent porté la population du royaume de 11 à 18 millions d'habitants, on avait continué jusqu'en 1860, par mesure d'économie, à n'incorporer que 40.000 hommes. L'armée active et sa réserve ne donnaient par suite qu'un effectif de 180.000 hommes, ce qui obligeait, en cas de circonstances graves, d'appeler la landwehr composée d'hommes âgés, mariés, établis, dont l'absence au foyer eût désorganisé la vie économique du pays. Comme de plus, à la mobilisation, chaque brigade devait comprendre un régiment actif et un régiment de landwehr, toutes les défectuosités de la landwehr auraient eu leur répercussion dans l'armée mobilisée.

Ce n'était pas avec une armée de 180.000 hommes que la Prusse pouvait disputer à l'Autriche l'hégémonie de l'Allemagne.

La réforme méditée dès 1860 par le Prince régent consistait :

1° à incorporer le contingent tout entier, soit 65.000 hommes, de façon à pouvoir doubler le nombre des régiments de ligne;

2° à porter de deux à quatre années le temps de service dans la réserve.

Par suite, l'armée active et sa réserve comprendraient sept classes de 65.000 hommes, soit au total 400.000 hommes, les déchets défalqués.

Dans ces conditions, la landwehr ne devait plus servir que comme armée de seconde ligne.

Telle fut la réforme que Guillaume Ier et son ministre de la guerre, le général de Roon, réalisèrent.

Dès lors, l'armée prussienne eut le nombre; de bons règlements lui assurèrent une excellente instruction tactique.

Placé en 1858 à la tête du Grand État-major, le général de Moltke s'appliqua à lui fournir un bon haut commandement par l'Académie de Guerre de Berlin.

Le Roi veilla au bon état des finances.

Dès lors la Prusse était en mesure de laver l'affront d'Olmütz et d'entreprendre avec succès la lutte pour l'hégémonie sur l'Allemagne.

Guillaume eût laissé volontiers cette tâche à son successeur, mais la trinité à laquelle il a confié la politique prussienne et l'armée, Bismarck, Moltke et Roon, l'amena bon gré mal gré au bord du fossé : il fallut sauter.

Dès 1856, Bismarck, délégué de la Prusse à la diète fédérale depuis 1851, écrivait à son souverain :

Dans nos rapports fédéraux je vois un vice capital qu'il nous faudra tôt ou tard guerir *ferro et irgne*. L'Allemagne est trop étroite pour l'Autriche et la Prusse. Nous aurons donc dans un avenir prochain, à défendre notre existence contre l'Autriche ; il ne dépend pas de nous d'éviter une collision.

A cette lutte inévitable, Bismarck prélude en 1864 par la guerre des duchés contre le Danemark : guerre où apparaissent les procédés, toujours les mêmes, dont les Prussiens se sont servis pour amener, à l'heure voulue par eux, la conflagration cherchée.

Guerre des duchés

Les duchés de Schleswig, de Lauenbourg et de Holstein, qui relevaient du Danemark, comptaient une certaine proportion d'Allemands.

En 1864, une agitation pour la réunion à la Confédération germanique, agitation menée par Bismarck, s'y produisit. La Diète de Francfort, poussée par la Prusse qui visait comme gain immédiat le port de Kiel, parla d'intervention. Pour empêcher la Prusse de manger seule le morceau, l'Autriche dut la suivre.

Le Danemark ne se défendit que pour l'honneur. Son armée fut écrasée à Duppel; il dut céder les trois duchés.

Après des différends qui faillirent faire éclater sur l'heure la guerre entre l'Autriche et la Prusse, la Convention de Gastein régla, pour un temps, le sort des duchés : la Prusse eut l'administration du Schleswig, l'Autriche celle du Holstein; le port de Kiel resta à la Prusse dont le Roi reçut en propre le Lauenbourg après avoir, sur sa cassette, indemnisé l'Autriche.

La Prusse avait pris la grosse part; elle espérait bien avoir le tout.

> Les pays qu'on venait de conquérir étaient entièrement situés dans la sphère de puissance de la Prusse,

dit la Relation prussienne de la campagne de 1866.

Cette convention de Gastein portait en germe le conflit désiré avec l'Autriche. Il ne fut pas long à éclater.

Dans la courte campagne de Danemark, l'État-major prussien avait pu faire la comparaison des armées prussienne et autrichienne et se rendre compte de la faiblesse du commandement autrichien. Il était convaincu qu'il n'y avait qu'à oser. Mais il fallait décider le Roi.

L'occasion ne tarda pas à se présenter.

L'Autriche, qui ne pouvait exercer facilement la souveraineté dans le duché de Holstein, sans communication avec ses États, eût désiré, pour éviter l'absorption des deux duchés par la Prusse, en constituer un petit État autonome sous un prince allemand. Elle provoqua une agitation dans ce sens en Holstein. Mais Bismarck veillait. Dès le 26 janvier 1866, il adressait des remontrances à l'Autriche qui répliqua très vivement. Pendant deux mois les Cabinets de Vienne et de Berlin échangèrent des notes de plus en plus aigres : celui de Berlin cherchant la rupture, mais s'efforçant de la faire retomber sur l'Autriche; celui de Vienne s'appliquant à parler haut, croyant intimider les hommes d'État prussiens, mais sans nulle envie d'en appeler aux armes; non pas peut-être qu'on eut à Vienne la notion exacte de la puissance prussienne, mais par détresse financière.

En fait, dès le mois de mars 1866, de part et d'autre, on se prépare à la guerre.

La Prusse trouve, hors d'Allemagne, un allié d'importance : l'Italie, qui, impatiente d'achever son unité par la réunion de la Vénétie, signe avec elle, dès le mois d'avril 1866, un traité d'alliance offensive et défensive.

Bismarck s'est, d'autre part, assuré la neutralité de la France. Napoléon III, adepte de la doctrine des nationalités, a reconnu

la nécessité d'une reconstitution politique de l'Allemagne plus conforme à ses besoins généraux,

et à Biarritz, en janvier 1866, il a promis à Bismarck sa neutralité bienveillante en échange de compensations à discuter ultérieurement et qui, dans son idée, était le Luxembourg tout au moins.

1er juin. — Le 1er juin l'Autriche imagine de convoquer les États de Holstein pour qu'ils puissent exprimer leurs vœux sur l'organisation du pays. La Prusse déclare la Convention de Gastein violée et fait envahir le Holstein par un corps de 12.000 hommes qui contraint le corps autrichien d'occupation, fort seulement de 5.000 hommes, à se retirer en Hanovre d'où, par chemin de fer, il rejoignit le territoire autrichien.

14 juin. — Le 14 juin l'Autriche en appelle à la Diète de Francfort, laquelle, par neuf voix contre six, vote l'exécution militaire de la Prusse.

Du côté de l'Autriche se sont rangés la Saxe, la Bavière, le Wurtemberg, le Hanovre, les deux Hesses; du côté de la Prusse un certain nombre de petits États : Mecklembourg, Brunswick, Oldenburg.

Il était de la plus haute importance pour la Prusse de s'assurer du territoire saxon et de paralyser l'action du Hanovre et de la Hesse électorale. Ces deux pays, placés comme un coin entre les deux moitiés de la monarchie prussienne, pouvaient intercepter les communications avec les provinces du Rhin.

Le 14 juin au soir le Cabinet de Berlin somme les trois États d'avoir à répondre dans les douze heures de leur neutralité.

16 juin. — Le 16 juin au matin, le Cabinet de Berlin n'ayant reçu aucune réponse fait envahir ces États.

Le général Beyer avec 17.000 hommes partis de Wetzlar, enclave prussienne, entre dans la Hesse électorale.

Les généraux Manteuffel et Vogel von Falkenstein envahissent le Hanovre par les deux bouts. L'armée hanovrienne, surprise en pleine mobilisation, est complètement défaite à Langensalza le 27 juin. Elle doit mettre bas les armes.

Le général Herwarth von Bittenfeld, avec l'armée de l'Elbe formée de trois divisions, entre en Saxe.

L'armée saxonne, renonçant à opposer aucune résistance, se retire en Bohême pour rejoindre les troupes autrichiennes.

En quatre jours, la Saxe, le Hanovre, la Hesse électorale sont ainsi occupés et la guerre n'est toujours pas officiellement déclarée entre la Prusse et l'Autriche.

Laissons ces opérations et passons de suite à la campagne contre les Autrichiens. Disons d'abord quelques mots sur les deux armées qui vont entrer en lutte.

CHAPITRE II

COMPARAISON DES ARMÉES PRUSSIENNE ET AUTRICHIENNE

L'armée prussienne, dont nous avons déjà indiqué le recrutement et la valeur générale, était organisée dès le temps de paix en neuf corps d'armée permanents (y compris la Garde), stationnés chacun dans la province où il se recrutait et qui devait lui fournir ses réservistes.

A la mobilisation, chaque unité se mobilisait sur place, ce qui réduisait au minimum les transports des réservistes et donnait le maximum de rapidité. Les 90.000 chevaux, nécessaires au complet de guerre, étaient réquisitionnés d'après un plan établi à l'avance.

Au total, la *Prusse* mobilise environ 670.000 hommes, dont 330.000 de première ligne, 240.000 de troupes de dépôt ou de remplacement et 100.000 de troupes de garnison pour les places fortes.

L'armée de première ligne comprend neuf corps d'armée (y compris la Garde), cinq divisions de cavalerie et une réserve générale d'artillerie de 96 pièces.

Chaque corps d'armée se compo e de :

2 divisions d'infanterie;

1 réserve d'artillerie de 5 à 8 batteries;

1 brigade de cavalerie.

La division d'infanterie compte :

2 brigades d'infanterie;

4 batteries;

1 régiment de cavalerie.

Effectif total du corps d'armée : 30.000 hommes.

Ce qui, par-dessus tout, fait la force de l'armée prussienne c'est son commandement. Le Roi, suivant la tradition des Hohenzollern, assume le commandement suprême et apporte son autorité royale aux résolutions que lui présent le général de Moltke, chef d'État-major de l'armée depuis 1857. Moltke a discuté en vingt mémoires toutes les éventualités qui peuvent se produire, et préparé pour chacune d'elles une solution.

Les généraux prussiens n'ont pas, il est vrai, fait la guerre, mais ils possèdent tous une forte culture militaire, acquise à l'Académie de Guerre, et une doctrine commune qui les fera agir en parfaite concordance.

L'opinion publique n'est pas favorable à la guerre qualifiée de lutte fratricide.

Aussi le général de Roon crut-il nécessaire d'agir sur l'esprit de l'armée et de faire connaître aux masses les causes du conflit, en leur exposant quels biens précieux il s'agissait de sauvegarder et les nécessités vitales qui contraignaient la Prusse à la guerre (1).

Armée autrichienne

L'Autriche a conservé le recrutement du siècle dernier : l'armée se recrute partie par la conscription avec de nombreuses exemptions, partie par des levées de milice territoriale.

La durée du service est théoriquement de huit ans, mais les hommes sont en fait renvoyés dans leurs foyers au bout de quatre ans. L'organisation des réserves est embryonnaire.

Ajoutez à cela l'hétérogénéité de cette armée formée d'Allemands, de Tchèques, de Hongrois, d'Italiens, commandés respectivement par des officiers d'une autre nationalité que la leur.

(1) Schneider, *L'Empereur Guillaume*, p. 230.

D'autre part, depuis de longues années, le délabrement des finances a empêché de consacrer à l'armée les crédits nécessaires. La mobilisation de l'armée autrichienne est bien loin d'être organisée avec la même précision que celle de l'armée prussienne. Aucun plan de mobilisation n'est préparé dès le temps de paix. En vue d'amalgamer, dans les différents corps, les contingents des divers provinces de l'Empire, les hommes de complément sont convoqués aux dépôts d'où ils sont ensuite expédiés aux corps actifs qui doivent, en principe, les attendre pour commencer leurs mouvements de concentration.

En 1866, bien des corps exécutèrent d'abord leurs transports de concentration et ne furent rejoints qu'ensuite par leurs compléments.

Le corps autrichien comprend :

4 brigades d'infanterie non endivisionnées, pourvues chacune d'une batterie ;

1 régiment de cavalerie ;

1 réserve d'artillerie de 5 à 6 batteries.

Effectif total du corps d'armée, environ 30.000 hommes.

Au total, l'Autriche mobilise environ 620.000 hommes, dont 350.000 de première ligne et le reste pour les réserves, dépôts et garnisons.

Les troupes de première ligne sont réparties entre deux armées d'opérations : armée du Sud ou de Vénétie, armée du Nord ou de Bohême, comptant ensemble dix corps d'armée et six divisions de cavalerie.

Valeur des différentes armes.

Infanterie. — L'infanterie prussienne est armée du fusil à aiguille, se chargeant par la culasse. Mais ce fusil date de 1847 et, en fait, n'a pas une supériorité de tir bien considérable sur le fusil autrichien.

Mais tandis que l'infanterie autrichienne avance en bloc pour attaquer, l'infanterie prussienne, qui a étudié les procédés de la nôtre dans la guerre d'Italie de 1859, s'avance en colonnes de compagnie et précédée de tirailleurs. Elle est rompue aux exercices d'attaque de bois et de villages.

Artillerie. — L'artillerie prussienne a encore le quart de ses batteries armées d'un canon lisse en acier. Elle ne sait pas encore agir par masses.

L'artillerie autrichienne a des canons rayés et sait se réunir en grandes batteries, mais l'action de ses batteries n'a pas été bien étudiée.

Cavalerie. — La cavalerie jouit chez les deux adversaires d'une grande considération et d'une grande renommée. Nous verrons toutefois que, par un souci d'épargne poussé trop loin, elle ne jouera d'un côté et de l'autre qu'un rôle insignifiant.

Ce qui fera défaut surtout à l'armée autrichienne, c'est le commandement.

A la forte organisation prussienne, l'Autriche n'oppose qu'un commandement improvisé et mal obéi.

L'empereur François-Joseph ne prend pas le commandement suprême pour mettre au moins son autorité au service d'un général qui, comme Moltke, serait chargé de la conduite des opérations.

Bien plus, il doute tellement du succès, que, pour ne pas compromettre sa dynastie dans une défaite qui lui semble inévitable, il se refuse à placer, à la tête de l'armée de Bohême, l'archiduc Albert qui passe pour le meilleur des généraux autrichiens, ayant hérité, disait-on, des talents stratégiques de son père, l'archiduc Charles. En tous cas, l'archiduc Albert connaissait parfaitement le théâtre de Bohême, où il avait son commandement et où il avait dirigé à différentes reprises des manœuvres d'automne.

Le 22 avril, il est envoyé prendre le commandement de l'armée d'Italie, avec laquelle il gagnera la bataille de Custozza, et on appelle, d'Italie, le général Benedek qui connaissait bien ce dernier théâtre et mal celui de Bohême, où il n'a jamais commandé.

Benedek était d'ailleurs populaire dans l'armée; il a, à son actif, d'avoir battu en 1859 les Piémontais à San Martino.

« Le général Benedek, a écrit Rustow, était l'homme le plus populaire de l'armée autrichienne, plein de force et d'activité, bien qu'il eût atteint sa soixante et deuxième année. Il attaquerait le premier, disait-on, il entrerait à Berlin. Telle était l'opinion des soldats, aussi bien que du simple bourgeois autrichien. »

Benedek ne comprit d'abord rien à ce chassé-croisé de commandements et n'accepta celui de l'armée de Bohême que sur les instances réitérées de François-Joseph qui fit appel à tout son dévouement.

Pour assister Benedek dans son commandement, on lui impose comme chef d'état-major le général baron Henickstein, chef d'État-major général de l'armée, et, comme chef du bureau des opérations, le général Krismanic, précédemment chef d'état-major de l'archiduc Albert en Bohême et qui a élaboré le plan de campagne.

C'était, de gaîté de cœur, ménager à Benedek des difficultés inextricables dans le commandement et préparer la défaite.

CHAPITRE III

PLANS DES DEUX ADVERSAIRES

Plan prussien

Prévue comme une « nécessité » par les hommes d'État prussiens, la guerre contre l'Autriche avait fait l'objet, depuis 1860, de nombreuses études que la correspondance militaire du maréchal de Moltke a fait connaître.

Ces études ont presque toutes pour base l'*attente stratégique*, c'est-à-dire qu'elles abandonnent à l'Autriche l'initiative de la guerre et même de l'agression.

Guillaume Ier poussé vers la fortune par Bismarck, ne s'engageait pas sans hésitation dans une aventure où il pouvait laisser sa couronne; il n'était pas aussi convaincu que Moltke d'emporter la victoire; ses soixante-neuf ans (en 1866) souhaitaient plus de repos que de tels soucis. Et surtout il voulait que l'Europe crût que c'était l'Autriche qui le contraignait à la guerre.

Une disposition d'attente stratégique le long des montagnes de Bohême, couvrant à la fois les marches de Brandebourg et la Silésie, Berlin et Breslau, avait seule chance d'être agréée par lui (1).

---

(1) Dans plusieurs des mémoires de Moltke pour 1886 on trouve l'insinuation d'une offensive napoléonienne sur la capitale ennemie. Il n'en résulte pas toutefois que le chef de l'État-major prussien ait jamais été bien convaincu de la réussite d'une telle manœuvre, ni qu'il en ait pénétré les ressorts secrets.

« Si la Prusse méditait de faire à l'Autriche une guerre d'agression, écrit-il dans le mémoire de 1860, elle rassemblerait son armée dans la Silésie, dont la frontière n'est qu'à 30 milles (240km.) de Vienne. Berlin serait suffisamment protégé

Théâtre de la guerre.

La Bohême et la Moravie forment un vaste quadrilatère que les Riesengebirge (Monts des Géants) prolongés au sud par les Sudètes séparent de la Lusace et de la Silésie prussienne et que les Erzgebirge (Monts Métalliques) séparent de la Saxe.

Ces deux chaînes dessinent vers Zittau un angle obtus, par le sommet duquel passe la route directe de Vienne à Berlin. Cette dernière capitale n'est qu'à 160 kilomètres de la frontière.

En glacis mamelonné vers la Saxe, les Erzgebirge forment vers la Bohême une véritable muraille de 300 à 400 mètres de haut.

A l'est du défilé de l'Elbe, la Lusace ou Suisse saxonne offre des montagnes moyennes avec de belles vallées.

Quant aux Riesengebirge, c'est une chaîne compacte à peu près de même valeur que les Vosges.

Ces montagnes sont traversées par un certain nombre de routes, toutes en bon état en 1866.

Ces routes forment quatre faisceaux distincts dont les axes respectifs sont Dresde—Prague, Gœrlitz—Gitschin, Schweidnitz—Josephstadt, Neisse—Olmütz.

Voies ferrées.

1° *de concentration.* — En 1866, la Prusse put avec ses voies ferrées constituer cinq lignes de transports dont une

par un corps d'armée établi vers Torgau, et 200.000 hommes pourraient être réunis en moins de six semaines au pied des Sudètes, prêts à l'invasion.

Il serait possible que l'Autriche fût, de ce fait, complètement surprise; mais il y aurait à bien peser si la Prusse serait de taille à poursuivre et à assurer ses succès du début, en présence de la capacité de résistance de la puissance impériale; car à l'inverse de l'offensive tactique, l'offensive stratégique, suppose un déploiement de forces bien autrement considérable que la défense stratégique... Mais l'idée d'une guerre agressive au delà de notre frontière sort absolument du cadre de ces considérations (1). »

(1) *Correspondance.* 5e v., p. 11.

seule à deux voies, pour amener, des extrémités des provinces, les corps d'armée sur la frontière. Ces lignes sont les suivantes :

	Corps transportés en 1866
1° Kreuz—Posen—Breslau, 1 voie.	(Ve corps)
2° Kreuz—Francfort—Görlitz, 1 voie	(Ier corps)
3° Stettin—Berlin—Herzberg (Dresde), 1 voie.	(IIe, IIIe corps et Garde)
4° Düsseldorf—Cassel—Eisenach—Zeitz, 1 voie	(VIIe corps)
5° Coblentz—Cologne—Minden—Magdebourg —Halle, 2 voies	(VIIIe corps)

2° *de pénétration en Bohême.* — Trois voies seulement pénètrent du territoire prussien en Bohême :

1° Dresde—Prague (vallée de l'Elbe).
2° Zittau—Turnau { Josephstadt—Kœniggrætz—Pardubitz, Jung Bunzlau—Prague (1).
3° Ratibor—Oderberg (sur la ligne Cracovie—Vienne), en Haute-Silésie.

L'Autriche est moins bien pourvue.

De Vienne à Prague, il n'existe qu'une ligne à une voie qui, évitant la traversée des hauteurs de Moravie, profite de la vallée de la March pour gagner Olmütz. De là cette ligne va sur Pardubitz en suivant un affluent de la March parallèle à la frontière de Silésie, puis un affluent de l'Elbe et enfin la vallée de ce fleuve de Pardubitz à Prague. Un raccourci qui prend non loin de Nicholsburg et passe par Brünn va rejoindre à Trübau la ligne d'Olmütz.

Toutefois l'Autriche aurait pu obtenir de la Bavière le libre passage sur le tronçon Passau, Straubing, Ratisbonne, ce qui lui eût donné la ligne Linz—Prague.

---

(1) Ce tronçon n'était pas achevé en juin 1866, mais les Prussiens réussirent cependant à le mettre en exploitation avant la fin de la campagne.

Cette vue d'ensemble une fois prise sur le théâtre de la guerre, nous pouvons revenir aux plans d'opérations prussiens. Il s'agissait, avons-nous dit, de prendre un dispositif d'attente stratégique susceptible d'assurer la protection du territoire et de permettre ultérieurement une avantageuse contre-offensive.

Ce dispositif devait répondre aux hypothèses les plus probables que l'on pouvait faire sur les projets de l'État-major autrichien.

Quelles étaient ces hypothèses? La correspondance militaire du maréchal de Moltke les fait connaître et l'on peut voir qu'elles subirent de singulières variations comme aussi, conséquemment, le dispositif d'attente stratégique proposé.

Prenons-les dans l'ordre historique.

Mémoire de 1860.

Dans son mémoire de 1860, Moltke avait écrit :

Si l'Autriche a pour but la destruction de la monarchie prussienne, elle opérera, avec sa principale armée, droit sur Berlin qui n'est qu'à 20 milles (160 km.) de la frontière de Bohême (1).

Il est donc à peu près hors de doute que la concentration initiale des forces militaires de l'Autriche contre la Prusse se fera sur la ligne Prague—Pardubitz et en avant (2),

de façon à pouvoir arriver en quelques marches sur la capitale prussienne.

La Silésie ne peut être l'objectif principal des Autrichiens,

« Mais la prudence oblige l'ennemi, tandis qu'il progressera sur Berlin, à étendre sa base d'opérations en Silésie »

(1) *Correspondance de Moltke*, tome V, p. 12.
(2) *Correspondance de Moltke*, tome V, p. 14.

de façon à pouvoir en cas de défaite se retirer au besoin de ce côté (??).

Le plan qui apparaît le plus avantageux pour l'Autriche et par suite comme le plus probable, c'est de diriger son effort principal vers les Marches (Berlin) et une opération secondaire sur laSilésie (1).

De la Bohême, l'Autriche menace également les Marches et la Silésie. La concentration de ses forces derrière les Monts des Géants et de la Lusace nous laisse jusqu'au dernier moment dans l'incertitude sur ses projets ultérieurs. La direction des lignes ferrées et la richesse du pays se prêtent à merveille au rassemblement et au ravitaillement de grandes masses de troupes. Les montagnes couvrent la concentration; les places de Prague, Théresienstadt et Josephstadt protègent les voies ferrées et les magasins facilement remplis grâce à la richesse du pays en céréales. Enfin le choix de la Bohême septentrionale comme zone de déploiement est un soutien nécessaire pour la politique de la Saxe, en même temps qu'une facilité pour appuyer ou recueillir promptement son armée. Il semble donc à peu près hors de doute que la concentration initiale des forces militaires de l'Autriche contre la Prusse se fera sur la ligne Prague—Pardubitz et en avant (2).

Dès lors, quel dispositif adopter pour l'attente stratégique?

Comme rien ne peut *a priori* faire deviner si l'effort principal des Autrichiens se produira sur la Silésie ou sur Berlin,

nous sommes forcés, avait écrit Moltke, de disposer notre premier rassemblement de façon à opposer une ferme défensive à la plus dangereuse des deux opérations possibles, tout en nous donnant la possibilité d'une offensive ultérieure.

A cet effet, il propose de concentrer initialement le gros des forces en Lusace, à l'ouest de Gœrlitz sur la route directe de Berlin, et de confier la garde de la Silésie à un

(1) *Correspondance de Moltke;* tome V, p. 13.
(2) Tome V, p. 14.

corps d'armée placé vers Striegau (à l'ouest de Breslau). Au cas où ce corps devrait se retirer devant des forces supérieures, il ferait sa retraite sur Glogau.

Ceci posé, il restait à décider comment, avec le *gros* des forces, on s'opposerait à l'offensive ennemie sur Berlin.

Devrait-on s'établir en travers de la route de la capitale en prenant sa ligne de retraite vers le nord? N'était-il pas préférable de s'établir sur l'Elbe vers Torgau en position de flanc, ce qui forcerait vraisemblablement l'ennemi à faire face à l'ouest en prenant sa ligne de retraite vers la Silésie et permettrait, au cas où les Autrichiens continueraient leur marche sur Berlin, de porter la contre-offensive sur leurs derrières?

Moltke, très partisan des positions de flanc pour agir ensuite sur les derrières, préconisait la seconde solution.

Hiver 1865-1866.

Dans l'hiver de 1865-1866, Moltke fut amené à rédiger un nouveau mémoire (1) dont les bases sont d'ailleurs les mêmes que celles du mémoire de 1860.

Rassemblement initial du gros des forces en Lusace, en travers de la route de Berlin; mais cette fois il laisse deux corps d'armée au lieu d'un en Silésie.

---

(1) Dans ce mémoire encore Moltke fait une allusion timide à une offensive déterminée sur Vienne en partant de la Haute-Silésie.

Le mieux, écrit-il, serait sûrement de nous concentrer en Haute-Silésie et de marcher sur Vienne si nous pouvions être plus tôt prêts et plus nombreux que les Autrichiens sur le champ de la bataille, mais cette certitude nous ne l'avons pas.

Dans ces conditions il y a lieu de renoncer à concentrer en Haute-Silésie nos forces qui, placées là, ne couvriraient le territoire national que si nous étions assez forts pour marcher par Olmütz et Brünn sur Vienne, en y attirant après nous les forces de l'ennemi, et assez forts ensuite pour poursuivre notre offensive ou tout au moins garder le terrain acquis. Car dans la défensive, notre concentration en Haute-Silésie ne saurait empêcher l'ennemi à 40 milles de distance de s'avancer par la vallée de l'Elbe.

Y attendre qu'il vienne nous attaquer de l'Ouest serait insensé, car une bataille perdue pourrait nous rejeter en Pologne (P. 46 et 48.)

Ainsi disposées les forces prussiennes couvrent directement Berlin et de plus près la Silésie. Si l'effort des Autrichiens se produisait de ce côté, on les rappellerait en arrière par une offensive en Bohême.

Le déploiement stratégique serait le suivant :

Armée du Main (armée d'observation à l'ouest) à Mayence, VIIIe corps et garnison de la place (52.000 hommes).

Armée principale en Lusace en deux groupes pour mieux profiter pour sa concentration du réseau de voies ferrées :

l'un de 94.000 hommes vers Dresde,

l'autre de 99.000 hommes à l'ouest de Gœrlitz.

Armée de Silésie vers Friburg—Schweidnitz, V^{e} et VIe corps (54.000 hommes).

Et voici comment Moltke envisage les opérations possibles des Autrichiens :

a) Les Autrichiens peuvent se concentrer au nord de la Bohême. Ils pouraient alors opérer contre le Brandebourg et se heurteraient à nos forces principales, ce qui amènerait tout de suite une bataille décisive.

b) Ils peuvent aussi entrer en Haute-Silésie par la Moravie et refouler les Ve et VIe corps d'armée sur Glogau. Notre principale armée a, dans ce cas, le choix entre deux opérations :

1° Ou bien se concentrer en quatre marches sur la ligne Gœrlitz—Zittau face à l'est. Les Autrichiens ne peuvent continuer (de Glogau) à marcher sur Berlin entre cette position et Glogau, sans sacrifier leurs communications et la bataille aura lieu forcément dans la région de Lœwenberg—Jauer, dans des conditions stratégiquement et numériquement favorables pour nous;

2° Ou bien faire irruption en Bohême pour accabler avec une supériorité écrasante le groupe de forces autrichiennes qui y aura *été laissé*. Si ce mouvement ne suffit pas à déterminer les Autrichiens à se retirer de la Silésie, l'armée principale doit y marcher elle-même. Les deux partis auront alors à livrer une bataille à front renversé.

Les circonstances du moment et surtout l'importance des forces que l'Autriche laissera en Bohême, détermineront le choix à faire entre ces deux opérations. Contre un faible détachement en Bohême, la seconde ne serait qu'un coup d'épée dans l'eau; contre un groupe un peu inférieur ou bien supérieur à la moitié des forces ennemies, elle pourrait conduire à un succès important. Elle a l'avantage de porter le théâtre de la guerre en territoire ennemi.

Ainsi dans l'hypothèse où les Autrichiens envahiraient avec leur gros la Silésie, deux opérations sont envisagées : 1° une attaque de flanc en partant d'un rassemblement Gœrlitz—Zittau; 2° une manœuvre sur les derrières en Bohême.

Les premiers plans de déploiement stratégique élaborés par Moltke plaçaient donc le centre de gravité des forces prussiennes en Lusace, c'est-à-dire en travers de la route directe de Pardubitz, point de réunion supposé des forces autrichiennes, et Berlin, leur objectif indiqué, s'il s'agissait pour l'Autriche de briser la puissance prussienne.

Moltke ne s'en tint pas à ces premiers plans. En voici la raison :

Contre d'immenses avantages, le système de mobilisation de l'armée prussienne présentait un inconvénient grave, auquel on n'avait pas encore trouvé le remède connu aujourd'hui sous le nom mal sonnant de couverture, c'était de laisser le territoire exposé un certain temps aux entreprises brusquées que les Autrichiens pouvaient entreprendre avec leurs forces immédiatement disponibles.

Chaque corps d'armée, nous l'avons dit, se mobilisait sur son territoire, son transport sur la frontière ne commençait qu'après l'exécution intégrale de la mobilisation. Dans ces conditions, il arrivait qu'avant le vingt-quatrième jour, époque à laquelle le déploiement stratégique initial devait être achevé, il était impossible d'empêcher les Autrichiens de jeter une masse de 50.000 hommes (qu'on calculait devoir être, pour eux, disponible dès le quatorzième jour) vers Torgau, vers Berlin, vers Gœrlitz ou vers Breslau.

En étudiant les concentrations de forces qu'on pouvait

ordonner contre une quelconque de ces offensives, Moltke s'était rendu compte qu'il était possible d'opposer des forces supérieures sur Torgau, Berlin ou Gœrlitz, mais non sur Breslau.

Il semble que le Roi ait été fort ému de cette constatation. Dans son mémoire du 12 avril 1866, Moltke écrit :

La Silésie est la partie du royaume la plus *immédiatement* menacée... C'est précisément cette direction (celle de Breslau) qui permet à l'offensive ennemie d'espérer, au moins au début, les plus grands avantages. C'est dans cette direction seulement que l'ennemi peut marcher avec tous ses moyens disponibles, parce qu'en y marchant il couvre en même temps ses communications. Il atteint un véritable objectif de guerre, par la route la plus courte, et par celle que ne barre aucune de nos forteresses.

Le 14 avril, Moltke écrit encore :

L'offensive qui se présente comme la plus naturelle (pour les Autrichiens), la plus riche en promesses de succès, au moins pour le début, c'est l'invasion de la Silésie. Les Autrichiens peuvent consacrer à cette entreprise la totalité de leurs forces disponibles — sauf ce qui est nécessaire pour bloquer Glatz — parce que leur mouvement en avant couvre lui-même les communications par les voies ferrées placées en arrière. En se concentrant au préalable entre Josephstadt et Trautenau, 28.000 Autrichiens pourraient arriver en six jours devant Breslau.

Pour empêcher l'ennemi d'arriver à Breslau on décide de renverser le dispositif du rassemblement initial et de placer le centre de gravité des forces prussiennes en Basse-Silésie, c'est-à-dire vers Liegnitz.

On reconnut immédiatement toutes sortes d'avantages à ce nouveau dispositif pour la défensive d'abord, puis aussi pour l'offensive.

a) Transport le plus rapide possible des troupes par l'emploi de toutes les lignes ferrées disponibles traversant le territoire;

b) Accumulation la plus importante possible de forces en Silésie, parce que de là nous pouvons prendre l'offensive par la voie la plus courte, dans la direction la plus dangereuse pour l'adversaire, et porter la guerre en territoire ennemi.

Si nous faisions en effet déboucher notre masse principale de la Lusace, nous repousserions les Autrichiens sur Olmütz et vers leurs renforts, tandis qu'en débouchant de Silésie nous les rejetons sur l'Elbe et nous les coupons de leur principale communication avec l'Autriche et la Hongrie.

Cette crainte exagérée pour la Silésie était un anachronisme, une réminiscence des préoccupations qui avaient agité Frédéric II alors qu'il venait de ravir cette province à l'Autriche.

Pour les Autrichiens ce n'était pas en Silésie que la campagne pouvait trouver sa solution, et entrer en Silésie eût écarté au maximum leurs forces de celles des Saxons et des Bavarois.

Le mois d'avril se passe ainsi en calculs et en projets. L'Autriche procède timidement au renforcement de ses forces en Bohême, peu désireuse de déchaîner une guerre que l'état de ses finances, tout au moins, lui commande d'éviter. Quant à Bismarck, qui vient de lier l'Italie par un traité d'alliance offensive et défensive, et que Moltke assure du succès, il donne à sa diplomatie une allure de plus en plus agressive.

Le Roi ne se résolvait toujours pas à prononcer le mot décisif; il montrait même de nouvelles inquiétudes le jour où la Bavière, sur la neutralité de laquelle on avait d'abord compté, parut décidée à faire cause commune avec l'Autriche.

Pour parer à ce renfort possible chez l'adversaire, Moltke propose de faire venir en Lusace le VIIIe corps, destiné jusque-là à former le noyau du corps d'observation de Mayence.

Plan autrichien

Pour ne pas déchaîner une guerre qui peut coûter si cher à des finances déjà obérées, guerre dans le succès de laquelle il n'a qu'une confiance mitigée, pour ne pas jeter du côté prussien les petits États de l'Allemagne, le Conseil de la guerre autrichien a résolu de laisser à la Prusse l'initiative de l'agression et posé en principe

que les armements n'auraient lieu que dans la mesure de ceux effectués par les Prussiens.

C'était courir à la défaite.

Appelé à Vienne, en mars, comme chef du bureau des opérations, pour rédiger le plan de la campagne prochaine, le général-major von Krismanic avait dû prendre comme base de ce plan l'*attente stratégique.*

Cette attitude expectative de l'armée sera évidemment très défavorable, écrit-il, mais elle doit être acceptée sans discussion, comme le résultat d'une résolution prise en connaissance de cause... Nous déplorons pourtant que l'on se soit enlevé la possibilité de concentrer l'armée impériale, sinon avant, tout au moins en même temps que celle de notre adversaire.

En admettant le cas d'une concentration simultanée, il nous est encore possible de prendre l'offensive avec quelques chances de succès, même dans l'hypothèse d'un ennemi supérieur en nombre, car l'armée impériale étant plus aguerrie, si elle était conduite avec énergie et résolution, si elle était bien pénétrée de l'importance de la mission qui lui est confiée, serait capable d'efforts héroïques et remporterait la victoire.

La première question à résoudre, c'était de déterminer le point de concentration de l'armée.

Le général Krismanic proposa une position au nord-ouest d'Olmütz.

Admettant que l'Autriche, entravée par des considérations diplomatiques, sera en retard sur la Prusse pour sa mobilisation, on devait craindre que la Prusse profitât de cet avantage pour entrer soit en Bohême, soit en Moravie. Dès lors la concentration de l'armée impériale en Bohême deviendrait impossible.

Si on envisage avec attention, écrivait le général Krismanic, toutes les données de la question, on arrive à cette conclusion que le point de concentration de l'armée doit se trouver à Olmütz. L'attitude expectative adoptée exige que l'armée s'appuie sur une grande place forte (?) et la place d'Olmütz réunit les conditions voulues. Cette position a en outre l'avantage de couvrir Vienne. En occupant Olmütz, l'armée conserve sa igne de retraite sur Vienne, pourvu que ce mouvement soit ordonné en temps opportun; elle conserve également ses communications sur Comorn, place de refuge imposée aussi longtemps que la capitale ne sera pas fortifiée.

On ne parle que de défaite dans ce mémoire!

Continuons.

Pour le cas « possible, mais non probable » où l'armée, concentrée à Olmütz, et profitant de circonstances favorables, se trouverait amenée à prendre l'offensive en Bohême, le général Krismanic propose :

De laisser un corps en Moravie près d'Olmütz, d'échelonner les deux divisions de cavalerie légère entre Zittau et Jägerndorf (1) aux débouchés des montagnes; un corps s'établirait à Grülich; le Ier corps se concentrerait près de Josephstadt, pour observer les défilés de Glatz; le reste de l'armée pourrait être transporté en Bohême en dix à onze jours, et se trouver réuni dans l'espace entre Josephstadt, Jicin, Pardubitz et Podiebrad; le centre s'établirait entre Josephstadt et Kœniggrætz, pour pouvoir opérer par les routes de Trautenau ou de Reichenberg.

Ces dispositions furent en fait réalisées.

Le général Krismanic examine les différents cas qui peuvent se produire.

(1) Au nord-est de Lanscron qui est lui-même au nord-est de Trübau.

1er cas. — L'armée prussienne est concentrée à la frontière avant que l'armée autrichienne soit réunie à Olmütz.

2e cas. — Les deux armées ont achevé leur réunion au même moment : la prussienne à la frontière, l'autrichienne à Olmütz.

Et il arrive à conclure que le mieux pour les Autrichiens est de livrer une bataille défensive à Olmültz.

En définitive, le mémoire du général Krismanic n'envisage qu'une pure défensive. Olmütz est désigné comme le point où l'armée impériale attendra l'ennemi et livrera une bataille défensive. C'est là une preuve évidente du peu de confiance qui régnait dans l'État-major autrichien. Nulle part il n'y est fait mention de la coopération des États confédérés de l'Allemagne.

12 mai. — Le 12 mai, Benedek lance, de Vienne, sa proclamation à l'armée du Nord.

26 mai. — Le 26, il en prend à Olmütz, le commandement sans enthousiasme.

Le 26 mai, à son arrivée à Olmütz, il écrivait aux siens :

L'armée du Nord est dans un si triste état qu'elle a fâcheusement impressionné l'archiduc Albert. Les généraux, tous d'un âge avancé, peu actifs, peu énergiques, les soldats insuffisamment instruits, voilà la situation (1).

A-t-il eu, dès l'abord, un plan en propre? C'est ce qu'on n'a jamais su.

15 juin. — Le 15 juin, Benedek fut avisé que le Gouvernement prussien a fait remettre da s la matinée, au Cabinet de Dresde, une sommation à laquelle celui-ci est

---

(1) Papiers posthumes du Feld-Maréchal de Benedek, Leipzig, 1901. *Revue Bleue*, septembre 1901.

décidé à ne pas se soumettre; que par suite, l'armée saxonne va battre en retraite et que le commandant des troupes en Bohême doit prendre toutes dispositions pour protéger ce mouvement.

Le lendemain, vers 9 h 1/2, François-Joseph adresse à Benedek le télégramme suivant :

D'après la marche des événements, il est urgent d'entamer les opérations. Toutefois je m'en rapporte à vous pour déterminer le moment opportun de marcher en avant et j'attends que vous me fassiez connaître, par le télégraphe, la résolution que vous aurez prise.

A 1 h 1/2 Benedek expédie la réponse suivante :

L'ordre pour la concentration de l'armée est déjà donné et doit être exécuté le 20 de ce mois. Les dispositions sont prises pour concentrer l'armée en ordre de bataille, soit en onze jours aux environs de Josephstadt, si la masse principale des Prussiens reste entre Gœrlitz et Landshut, ou en quatre jours, près d'Olmütz si au contraire cette masse se porte vers la Haute-Silésie, ainsi que les dernières nouvelles me le font supposer; les troupes de Bohême, c'est-à-dire le Ier corps et les divisions légères de cavalerie et ultérieurement le corps saxon, ont l'ordre de se retirer sur l'armée principale dans l'un comme dans l'autre cas.

L'historique rédigé par l'État-major autrichien apprécie ainsi ce télégramme :

On voit que le plan du Feldzeugmeister était loin d'être arrêté alors, et qu'il n'était même qu'imparfaitement au courant des mouvements de ses adversaires. Il résultait de l'ensemble des rapports parvenus à son quartier général que, le 16, les Ier, IVe, V^e^ et VIe corps prussiens étaient en marche sur la Neisse; que le IIIe corps se dirigeait sur Liebau; enfin que la Garde était arrivée à Brieg et à Gœrlitz. De plus, on avait appris que les lettres destinées aux troupes (sauf pour l'armée de l'Elbe et la Garde) devaient être envoyées en Silésie.

Benedek, nous le verrons, fut loin de montrer des talents

militaires; mais il faut avouer que sa situation était peu enviable.

Appelé au dernier moment sur un théâtre d'opérations qu'il ne connaît pas, lié à demi par un plan d'opérations rédigé par le sous-chef d'état-major qu'on lui impose et approuvé en Conseil de guerre par l'Empereur, il lui aurait fallu de bien grands talents militaires pour se tirer d'affaire.

Je m'en vais résigné à ma destinée, écrivait-il le 18 juin à sa femme, si je me sacrifie, c'est pour l'Empereur, c'est pour notre grand pays, c'est pour l'armée. Malgré tout, comme je suis un homme d'espérance et de confiance en Dieu, je veux croire que ma vieille chance de soldat ne m'abandonnera pas.

Quand un général part en campagne dans un tel état d'esprit, on peut dire qu'il est vaincu d'avance.

CHAPITRE IV

MOBILISATION ET CONCENTRATION DES DEUX ARMÉES ADVERSES

3 mai. — Le 3 mai, Moltke décide le Roi à ordonner la mise sur pied de guerre de la cavalerie et de l'artillerie, et la mobilisation des corps d'armée dont les territoires sont immédiatement menacés : IIIe, IVe, V^{e}, VIe et Garde (1).

25 mai. — Le 25 mai, lorsqu'il fallut arrêter définitivement le plan de transport, on revint au dispositif qui plaçait le centre de gravité des forces en Lusace.

En définitive, les rassemblements prussiens vont être répartis en trois groupes : armée de l'Elbe (Herwarth de Bittenfel), Ire armée (Prince Frédéric-Charles), IIe armée (Prince Royal), autour de la Bohême, sur un arc concave de 450 kilomètres (2), 80 kilomètres entre Halle, centre de l'armée de l'Elbe, et Torgau, aile droite de la Ire armée; 120 kilomètres pour le front de la Ire armée; 80 kilomètres entre l'aile gauche de la Ire armée et Gœrlitz où se trouve le Ier corps chargé d'assurer la liaison des Ire et IIe armées. Enfin, 80 kilomètres pour le front de rassemblement des Ve et VIe corps composant jusqu'à ce moment la IIe armée en Silésie.

Ce dispositif était vicieux, car les trois groupes, étalés d'ailleurs chacun sur un front variant de 80 à 120 kilomètres,

(1) Tome V, p. 180.

(2) 112 lieues, soit près de 3 fois la distance de Verdun à Épinal qui est de 34 lieues.

étaient non seulement hors d'état de se porter secours à temps l'un à l'autre, mais incapables de se concentrer chacun en temps voulu pour opposer une certaine résistance à une offensive hardie des Autrichiens.

L'historique prussien cherche à excuser cette concentration en cordon par deux considérations : difficulté de faire vivre une agglomération de 250.000 hommes réunis en une seule masse; nécessité de couvrir immédiatement les Marches, le Brandebourg et la Silésie pour protéger à la fois Berlin, capitale du royaume, et Breslau, capitale d'une ancienne province autrichienne dont l'occupation eût produit un effet moral considérable.

Mais la subsistance d'une forte agglomération est une question de préparation; quant à la protection simultanée de Berlin et de Breslau, le rassemblement des forces dans la zone centrale Gœrlitz—Liegnitz l'eût aussi bien assurée. L'historique d'ailleurs en convient :

Ce qu'il y aurait eu de plus avantageux, ç'aurait été de trouver une position où l'on pût établir toute l'armée, de manière à couvrir à la fois Berlin et Breslau, le point qui aurait le mieux rempli ces conditions eût été *Gœrlitz.*

En constituant une forte masse entre Gœrlitz et Liegnitz, et en couvrant cette masse par des avant-gardes aux débouchés des montagnes, on eût été en mesure soit de se porter en forces dans le flanc de l'armée ennemie engagée sur la route de Berlin ou sur celle de Breslau, soit de prendre soi-même une offensive résolue.

30 mai. — Le 30 mai, pendant l'exécution même des transports, Moltke reconnut la nécessité de serrer son dispositif. Des ordres furent donnés pour faire appuyer, par un mouvement par le flanc gauche, l'armée de l'Elbe et la Ire armée sur la IIe.

Les trois divisions de l'armée de l'Elbe vinrent, de Zeitz et de Halle, sur l'Elbe.

A ce moment, 30 mai, on n'a que des renseignements fort vagues sur les dispositions des Autrichiens. On sait que le corps saxon se concentre à Dresde et que le Ier corps autrichien, dont le quartier général est à Prague, occupe avec ses avant-postes Tetschen, Reickenberg et Trautenau. On a appris de plus que sur dix corps, l'état-major autrichien en rassemble trois en Italie. Où se réunissent les six corps destinés à opérer de concert avec le Ier corps et les Saxons? C'est encore un mystère.

Alors que l'armée est déjà en voie de concentration, le 25 mai, Moltke rédige une note sur la conduite à tenir en cas d'une offensive autrichienne avant le 5 juin soit sur l'Elster (vers Berlin), soit sur la Silésie avec les premières forces mobilisées.

En cas d'offensive sur l'Elster, Moltke propose une réunion des forces entre Elsterwerde et Spremberg.

En cas d'offensive sur la Silésie, il propose une offensive en Bohême pour faire sortir les Autrichiens de la Silésie.

Mais si l'offensive des Autrichiens ne se produit pas avant le 5 juin, Moltke montre que ce sera à l'armée prussienne de prendre l'offensive.

En effet, tandis qu'il est invraisemblable qu'à cette date les Autrichiens aient pu transporter toutes leurs forces au nord de la Bohême, par contre le déploiement stratégique des neuf corps d'armée prussiens sur les frontières de Saxe et de Bohême sera complètement terminé. Dès lors on pourra marcher sur les Autrichiens avec chance de succès; mais il n'y aura pas un jour à perdre, car chaque jour perdu ajouterait aux forces des Autrichiens et les coalisés allemands pourraient surgir, à quelques semaines de là, en Franconie.

Au point de vue purement militaire, conclut Moltke, il est absolument désirable que l'action diplomatique soit close le 5 juin et qu'on puisse commencer les hostilités ce jour-là qui

est celui où les 9 corps d'armée prussiens seront concentrés (1) sur les frontières de Saxe et de Bohême.

On voit l'étroite relation qui existe entre l'action diplomatique et l'action militaire.

Le Roi laissa pourtant passer, sans oser prendre la responsabilité de la déclaration de guerre, cette date du 5 juin (2).

---

(1) Il conviendrait d'ailleurs de dire plutôt dispersés.

(2) Pendant que s'exécutaient les transports de concentration, on commençait à s'impatienter dans l'armée prussienne et à craindre que la difficulté qu'éprouvait le Roi à prendre la responsabilité de l'agression, jointe au dispositif en cordon des forces prussiennes le long de la frontière de Bohême, ne créât une situation militaire défavorable.

Le général Steinmetz, commandant le Ier corps d'armée, se faisait l'interprète de ces craintes lorsqu'il écrivait, le 29 mai, au général de Moltke :

On n'est encore décidé à rien, notre armée est déployée sur un front de 60 milles et plus, on veut attendre que l'Autriche fasse le premier pas...

Touché au vif par ces reproches. Moltke lui répondait le 1er juin :

L'Autriche avait une avance de six semaines. Pour être en mesure de lui résister dans le plus bref délai, le seul moyen était d'utiliser *simultanément* toutes nos voies ferrées à la fois; mais aucune ne pouvait transporter plus d'un corps d'armée, ni le débarquer plus loin qu'à la frontière.

Dans ces conditions, les points de débarquement devaient former un cordon le long de la frontière. Aucune autre disposition ne permettait de l'éviter ni de supprimer le fait géographique qui fait que l'Autriche est en Bohême sur la ligne d'opération intérieure entre la Silésie et les Marches.

L'éventualité d'une offensive ennemie sur Berlin était la plus dangereuse (*); car la capitale n'a pour la protéger ni forteresses, ni obstacles naturels, et c'est sur ce théâtre que nous avons le moins de champ et le moins de ressources.

C'est pourquoi quatre corps d'armée ont été établis en Lusace, sur la rive droite de l'Elbe. En Silésie nous ne pouvions réunir dans le temps donné que deux corps d'armée. Ce n'est pas en Silésie que la Silésie peut être défendue, mais en Bohême. Il n'était pas possible de mettre une armée en Haute-Silésie; mais je n'approuve pas qu'on ait déjà retiré les troupes de ligne de cette province et je trouve que les évènements n'imposaient pas encore cette mesure.

Le correctif de la dispersion de nos points de débarquement — dont la ligne n'est pas celle de notre concentration initiale — c'est la concentration en avançant. De notre « dispersion » il peut sortir en cinq jours de marche une concentration de 190.000 hommes à Dresde, ou de 220.000 hommes à Schlückenau en neuf jours.

Qu'il y ait toutes les raisons militaires du monde en faveur de l'initiative, c'est bien évident. Mais en dehors de ces considérations militaires, il y en a d'autres qui ne sont pas de ma compétence.

(*) On voit avec quelle désinvolture Moltke changeait d'avis sur la direction probable de l'offensive autrichienne

CHAPITRE V

ALERTE EN HAUTE-SILÉSIE

---

8 juin. — La concentration initiale de l'armée prussienne s'effectuait suivant les dispositions que nous avons indiquées quand, le 8 juin, une alerte se produit à l'état-major de la IIe armée.

La réunion de la majeure partie des forces autrichiennes autour d'Olmütz fait croire à une offensive imminente de toutes les forces autrichiennes sur Breslau par la Haute-Silésie.

Le général de Blumenthal, chef d'état-major de la IIe armée, croit devoir prendre immédiatement des mesures pour s'opposer à cette offensive.

Voici sa lettre à Moltke :

Ainsi que Votre Excellence l'aura appris, par le résumé de nos renseignements que nous vous avons adressé hier d'ici, nos présomptions sur le projet des Autrichiens de se porter dès la déclaration de guerre sur Breslau par la Haute-Silésie, en passant devant les places fortes, sont presque devenues une certitude.

On peut seulement se demander sur quelle route ils engageront leur masse principale, et si ce sera : 1° sur la rive gauche de l'Oder; 2° sur la rive droite; ou 3° sur les deux rives.

Dans chacun de ces cas, il me semble indiqué pour la IIe armée de s'établir dans la formation la plus concentrée possible derrière la Neisse, entre Grottkau, Neisse et Patschkau, en poussant une avant-garde vers Neustadt et Ziegenhals. Cette position défensive, appuyée par les places, permet d'arrêter l'ennemi, et, si ensuite les circonstances s'y prêtent, de prendre aussitôt l'offensive contre lui.

Nous avons en conséquence le projet de partir d'ici le 11 avec la plus grosse partie de l'armée, de façon à nous établir sur la Neisse en formation concentrée le 16 au plus tard.

Malheureusement, nous sommes obligés de laisser provisoirement une division ici, car on ne pourra jamais être sûr que l'ennemi ne tente, de ce côté aussi, de se porter sur Schweidnitz et Breslau avec des forces importantes.

Aussi, ai-je prescrit hier, à Schweidnitz et sur les lieux mêmes, d'étudier l'organisation de quelques ouvrages de campagne et autres travaux d'amélioration; j'espère que la division, si elle doit se replier jusque-là, pourra tenir plusieurs jours contre des forces supérieures.

Nous ne pouvons rien faire de plus quant à présent (1).

Cette lettre mérite d'être discutée.

Tout d'abord, c'est attribuer à Benedek une singulière stratégie que d'imaginer qu'il va porter toutes ses forces par la Haute-Silésie sur Breslau, ce qui aurait eu pour effet immédiat de se séparer absolument des confédérés allemands, de découvrir la route de Vienne, de se mettre contre la frontière russe et cela pour quel bénéfice extraordinaire? de s'emparer de Breslau, capitale de la Silésie, ville de 330.000 habitants.

Et que propose Blumenthal pour s'opposer à cette offensive autrichienne?

De conduire la IIe armée plus au sud, prendre une bonne position derrière la Neisse, accroissant encore de cinq marches l'intervalle déjà trop considérable qui existe entre cette armée et la Ire.

Voilà donc le chef d'état-major d'une armée qui, en l'absence de son général en chef, car le Prince royal est encore à Potsdam, non seulement propose, mais prépare une modification aussi grave au plan général. Et il admet qu'une simple division laissée à Schweidnitz peut, en s'appuyant sur des ouvrages de campagne, encore à construire autour de la place, tenir plusieurs jours contre des forces

(1) *Correspondance* et *Revue militaire de l'Étranger*, n° 89, p. 285.

supérieures, c'est-à-dire contre plusieurs corps d'armée. C'était, en fait, donner à Benedek la possibilité de se placer entre les deux armées prussiennes pour les écraser séparément.

9 juin. — Au reçu de cette lettre, le 9 juin, Moltke, qui semble n'avoir jamais pu résister à une hypothèse présentée par un de ses subordonnés, admet, immédiatement les vues de Blumenthal. Mais se rendant compte du danger que ses propositions pourraient comporter pour l'ensemble des forces prussiennes, il modère son ardeur par le télégramme suivant :

Sa Majesté s'étant réservée la conduite des opérations, on ne peut modifier d'une manière essentielle les dispositions de la concentration de l'armée sans son agrément. Je suis, en principe, d'accord avec vos vues (1).

Et Moltke explique son télégramme par la lettre ci-après dont la rédaction *tortueuse* montre le peu d'autorité qu'il se sentait en 1866.

Ne concluez pas de mon télégramme d'aujourd'hui à l'in-

---

(1) Le Prince royal, qui avait ce 9 juin rejoint son armée, adressait immédiatement au Roi ses propositions pour le mouvement projeté.

Je crois devoir respectueusement exposer ci-après à Votre Majesté les conditions dans lesquelles nous nous trouvons ici et en raison desquelles je prie Votre Majesté de daigner consentir à ce que la IIe armée se mette aussi promptement que possible en mouvement vers la Neisse.

D'après des renseignements certains, les principales forces autrichiennes, soit 5 à 6 corps d'armée et des masses de cavalerie importantes, se concentrent à l'est du comté de Glatz jusqu'à l'extrémité sud de la province de Silésie. Les têtes des corps les plus avancés sont déjà tout près de la frontière, et tout montre que la Silésie sera envahie sous peu de jours.

Comme la masse principale des forces autrichiennes, qui était établie d'abord vis-à-vis de mon armée, a fait un mouvement de flanc pour se porter vers le sud-est, je n'ai plus de motif pour rester avec toute mon armée dans la position que j'ai occupée jusqu'ici. Il me semble, au contraire, impérieusement nécessaire d'enlever, en me portant en avant, toute chance pour l'adversaire de mettre la main sans coup férir sur la capitale de la Silésie. Ce serait possible si l'on prenait position sur la Neisse, et même cela permettrait d'arrêter des forces ennemies notablement supérieures.

Pour gagner cette position, il faut à l'armée six ou huit jours. C'est là un temps précieux qu'un adversaire entreprenant peut employer à acquérir, sans gros sacrifices, des résultats considérables, si la IIe armée prussienne est empêchée, par son trop grand éloignement du point décisif, d'intervenir efficacement dans la lutte.

.....Et il répète ce qu'a écrit Blumenthal.

tention, en haut lieu, de restreindre par des instructions étroites la liberté d'opération de l'armée dès qu'elle sera en contact avec l'ennemi. Je ferai tous mes efforts pour que cela ne soit pas. Mais les directives d'ensemble, celles qui déterminent l'attitude offensive ou défensive d'une armée, qui décident si elle se portera en avant ou en arrière, ne peuvent émaner que de Sa Majesté, car les mouvements de cette armée doivent nécessairement rester en liaison avec ceux des autres armées.

L'idée de prendre position avec la IIe armée derrière la Neisse, en laissant un détachement plus au moins important à Landeshut ou à Schweidnitz, me semble en elle-même parfaitement judicieuse.

Cette position essentiellement forte, entre la place de Neisse et le Comté, couvre directement Breslau et la majeure partie de la Silésie; elle protège aussi autant qu'il est possible la Haute-Silésie, grâce à la possibilité de l'offensive. Les opérations de l'ennemi par la rive droite de l'Oder ne pourront jamais amener de résultat décisif.

Mais il serait indispensable qu'une mesure de cette nature coïncidât avec un mouvement en avant simultané de la Ire armée. L'aile gauche de cette armée a déjà occupé Gœrlitz et la liaison avec la IIe armée sera établie en peu de marches, dès que la Ire armée occupera la ligne Dresde—Gœrlitz.

Mais l'entrée de nos troupes en Saxe que ce mouvement nécessiterait, n'est pas encore possible pour des raisons politiques. Tant que la Ire armée restera dans ses cantonnements étendus ce Lusace, le mouvement de la IIe armée, si elle se portait seule de cinq marches plus loin, aurait pour conséquence immédiate de séparer complètement les deux armées. Je vous laisse le soin d'examiner s'il ne suffirait pas, pour répondre aux circonstances, de n'occuper pour le moment la position sur la Neisse qu'avec le VIe corps d'armée. La retraite éventuelle de ce corps, si elle devient nécessaire, peut difficilement être menacée, et elle pourrait couvrir le mouvement en avant de forces plus considérables. Mais cela doit demeurer subordonné à la décision du commandant en chef.

Vous avez tout à fait raison : la concentration des Autrichiens indique absolument leur projet de faire irruption à travers la Haute-Silésie, en faisant passer par Neisse des masses importantes qui seront rassemblées dans le triangle Gabel—Olmütz—Oderberg.

Si la Ire armée prenait l'offensive en Bohême, ce serait le meilleur moyen de vous donner de l'air, et très vraisemblablement cette armée attirerait ainsi sur elle non seulement le Ier corps autrichien, mais encore le IIIe et le VIIIe.

Mais si cette offensive ne peut être obtenue, il ne reste d'autre parti, à mon sens, que de renforcer directement l'armée de Silésie...

Quoi qu'il en soit, l'autorisation donnée au Prince royal de porter son armée plus au sud va encore augmenter de cinq à six jours de marche l'intervalle déjà si considérable qui existe entre la IIe armée et la Ire. Il était d'ailleurs bien imprudent d'exposer deux corps au choc possible de tous les corps autrichiens.

Pour parer dans la mesure du possible à ce grave danger, Moltke fait attribuer le corps de la Garde à la IIe armée, dirige le Ier corps sur Hirsberg et donne ordre à la IIe armée de continuer son mouvement par le flanc gauche.

DEUXIÈME PARTIE

LES OPÉRATIONS

CHAPITRE VI

PLAN PRUSSIEN DÉFINITIF

RÉUNION DES FORCES PRUSSIENNES SUR GITSCHIN

Les événements vont se charger de mettre un terme aux tergiversations du commandement prussien.

14 juin. — Le 14 juin, nous l'avons dit, la Diète de Francfort, par neuf voix contre six, avait voté l'exécution militaire de la Prusse. Le soir du même jour, le Gouvernement prussien avait mis en demeure la Saxe, la Hesse électorale et le Hanovre de retirer leur vote dans un délai de douze heures.

16 juin. — Sur leur refus, le 16 juin au matin, les Prussiens envahissent ces États.

L'*armée de l'Elbe*, formée de trois divisions, pénètre en Saxe. L'armée saxonne, sans opposer aucune résistance, se retire en Bohême pour y rejoindre les troupes autrichiennes.

18 juin. — Le 18 juin, Dresde est occupé. La guerre est ouverte de fait avec l'Autriche, aucune considération ne s'oppose plus à ce que les forces prussiennes prennent l'offensive.

Le 18 juin, le roi Guillaume lance son appel à la nation.

A ce moment, les armées prussiennes sont, de l'Elbe à la Neisse, sur un front de 300 kilomètres.

Pour garder Dresde, on décide d'y amener la 2e division du corps de réserve et de couvrir la ville du côté de l'ouest (c'est-à-dire du côté de la Bavière) par des fortifications.

Dès lors l'armée de l'Elbe devenait disponible pour concourir aux opérations contre l'Autriche.

19 juin. — Un décret du 19 juin place le général Herwarth sous le haut commandement du prince Frédéric-Charles. On renforce l'armée de l'Elbe de la 1re division du corps de réserve.

Entre temps, les appréhensions qu'on avait eues sur une offensive du gros des forces autrichiennes contre la Haute-Silésie s'étaient dissipées. Tous les indices, et il faut entendre sans doute par *indices* les intelligences que l'État-major prussien avait dans l'État-major autrichien, tous les indices montraient que le gros des forces autrichiennes allait se porter au nord de la Bohême.

L'État-major prussien a dès lors le choix entre plusieurs solutions :

1° Il peut, laissant les Autrichiens se réunir dans le nord de la Bohême, jeter de Silésie toutes ses forces sur les derrières de l'ennemi par une manœuvre napoléonienne. Cette solution, caressée à différentes reprises par Moltke, ne fut pas alors envisagée;

2° Il peut réunir toutes ses forces dans le nord de la Bohême, où elles couvriront la route de Berlin, pour ensuite les porter en bloc contre les Autrichiens.

C'est à cette solution que Moltke s'arrête. Pour sa mise en œuvre il avait le choix entre deux procédés :

1° Faire exécuter aux corps de la IIe armée des marches

de flanc pour rejoindre ceux de la Ire vers Gœrlitz et pénétrer ensemble par le faisceau de routes du nord.

Mais en raison du grand intervalle qui séparait les deux masses prussiennes, il eût fallu une huitaine de jours pour cette réunion à Gœrlitz. Pendant ce temps l'armée autrichienne tout entière pouvait se réunir sur l'Iser et être en situation d'accabler successivement les diverses colonnes prussiennes quand, après la réunion à Gœrlitz, elles déboucheraient des montagnes.

2° Opérer la réunion des deux armées en Bohême par des marches convergentes.

Étant donnée la forme concave de la frontière, les armées prussiennes, à Gœrlitz et à Neisse, n'étaient guère éloignées du centre de l'arc formé par elle — centre marqué à peu près par Gitschin — que de 100 à 150 kilomètres. Or il y avait 180 kilomètres de Gitschin à Olmütz, centre de gravité des rassemblements autrichiens. On pouvait donc espérer, par des marches moyennes de 25 kilomètres au plus, réunir en six jours les armées prussiennes à Gitschin, alors qu'à cette date, l'armée autrichienne, dont on avait le droit d'escompter la traditionnelle lenteur, aurait à peine atteint Kœniggrætz avec son gros et ne serait en mesure d'opposer à la jonction des armées prussiennes que quelque corps d'avant-garde.

Cette solution transgressait le principe posé par Napoléon :

C'est un principe qui n'admet pas d'exception que toute jonction de corps d'armée doit s'opérer en arrière et loin de l'ennemi (1).

Elle a été vivement critiquée en Allemagne. A ces critiques, Moltke a répondu ceci peu après 1866 dans le *Militär-Wochenblatt.*

(1) NAPOLÉON. *Précis des événements militaires arrivés pendant les derniers mois de 1799.*

La jonction opportune des armées prussiennes n'a jamais été présentée, du moins par notre état-major, comme un-dée de génie. Elle n'a été qu'un expédient, un remède adroitement choisi et vigoureusement appliqué à une situation ori ginelle défectueuse, mais inévitable.

Moltke décide donc que les armées prussiennes se réuniront par des marches convergentes sur Gitschin. Ce point de Gitschin n'avait rien de particulièrement remarquable. « On l'a choisi à cause des distances », dit l'historique prussien. Il est à 100 kilomètres de Gœrlitz, centre de Frédéric-Charles, à 130 kilomètres de Grœllken, centre du Prince royal, et à 180 kilomètres d'Olmütz.

22 juin. — Le 22 dans l'après-midi, de Berlin l'ordre ci-après fut donné par télégramme aux chefs des Ire et IIe armées :

Sa Majesté ordonne que les deux armées entrent en Bohême et cherchent à faire leur jonction sur Gitschin. Le VIe corps (IIe armée) restera disponible à Neisse.

Ce télégramme fut expliqué par les instructions suivantes :

Au Commandant en chef de la IIe armée.

Le télégramme chiffré qui vous a été adressé aujourd'hui même, vous apporte l'ordre de Sa Majesté d'entrer en Bohême.

En raison des distances, de la disposition des routes et des lignes ferrées, la direction de Gitschin est indiquée comme celle d'une jonction éventuelle des deux armées.

Cela ne veut pas dire, bien entendu, qu'il faudra atteindre ce point quoi qu'il arrive; cela dépendra, au contraire, de la marche des événements.

D'après tous les renseignements que nous avons ici, il est tout à fait improbable que la masse principale des Autrichiens puisse être concentrée dans le nord de la Bohême dès les premiers jours. Prenant l'initiative des opérations, nous pourrons trouver facilement l'occasion d'attaquer l'ennemi divisé avec des forces supérieures, et de poursuivre la victoire dans une autre direction. Mais il ne faut à aucun moment perdre de vue la nécessité de réunir toutes nos forces pour l'événement décisif.

Dès l'instant où ils auront le contact de l'ennemi, les commandants des armées emploieront les unités sous leurs ordres de leur propre initiative et d'après les exigences de la situation; mais ils devront toujours tenir compte des conditions dans lesquelles se trouve l'armée voisine. En restant en liaison réciproque constante, ils pourront se prêter un mutuel appui.

Si le VIe corps d'armée reste tout d'abord affecté à la protection de la Silésie, cela n'exclut pas pour lui l'idée d'une action offensive. Une démonstration énergique, et faite sans trop tarder de Neisse ou du Comté de Glatz contre la ligne ferrée si importante de Pardubitz à Prerau, tiendra certainement au moins un corps d'armée ennemi éloigné de la Bohême.

Au Commandant en chef de la Ire armée.

(Même texte avec l'addition suivante)

Comme c'est à la IIe armée, la plus faible, qu'échoit la tâche difficile de déboucher des montagnes, la Ire armée devra, sitôt sa jonction avec le corps du général Herwarth effectuée, hâter d'autant plus son mouvement en avant, afin d'abréger la durée de cette opération critique (1).

---

(1) En réalité la résolution ne fut pas prise dès l'abord telle quelle. Les renseignements recueillis par l'État-major prussien sur les forces autrichiennes étaient encore trop incomplets pour permettre une solution radicale. Un premier projet d'offensive, établi par de Moltke le 14 juin, fait déboucher le Prince royal avec les Ve et VIe corps et la Garde au sud de Pardubitz sur Hohenstadt, un peu au nord d'Olmütz.

Le 19, nouvelles dispositions.

Ce jour-là, les ordres envoyés par Moltke à la IIe armée prévoyaient l'échelonnement de ses corps de façon à ce que la plus grande partie de l'armée puisse être rassemblée dans le plus bref délai, soit vers Landeshut, soit de nouveau vers Neisse, ou prendre éventuellement l'offensive en partant du Comté de Glatz.

CHAPITRE VII

OPÉRATIONS DE LA Ire ARMÉE ET DE L'ARMÉE DE L'ELBE

19 juin. — Le 19 juin, le prince Frédéric-Charles avait reçu l'ordre de se préparer à envahir la Bohême. Il employa les 20, 21 et 22 juin à rompre les cantonnements de la Ire armée et à placer les troupes en colonnes de marche sur les routes qui aboutissent au seuil de Zittau.

23 juin. — Le 23 juin, la Ire armée et l'armée de l'Elbe placées le 19 sous le haut commandement du Prince, franchissent la frontière.

L'*armée de l'Elbe* pénètre en Bohême par le défilé de Schlückenau et, le 25, cantonne près Künersdorf.

La *Ire armée* traverse les montagnes de Lusace au seuil de Zittau par divisions séparées (1), sur un front de 35 kilo-

(1) On a en effet disloqué par divisions les IIIe et IVe corps, chaque division avait reçu son parc, son train et ses convois. Les autres corps furent conservés, mais opérèrent par divisions séparées. Cette façon d'opérer tenait à ceci : le prince Frédéric-Charles, qui avait étudié de très près la campagne de 1859, avait remarqué que nos corps d'armée n'avaient exécuté que des marches très courtes, souvent inférieures à 20 kilomètres. Il en avait conclu à tort que le corps d'armée est une unité trop considérable à faire marcher sur une route si on veut lui faire parcourir des étapes de 25 à 30 kilomètres. La conséquence de la marche par divisions fut de donner à l'armée des fronts démesurés et de rendre le commandement très lourd; la communication des ordres devenait plus difficile puisqu'il fallait s'adresser à un plus grand nombre d'unités. Il est à remarquer d'ailleurs que, comme on ne trouva pas assez de routes sur un front d'environ 20 kilomètres (qui est celui qu'on ne devait pas dépasser pour que les divisions pussent concourir à une action commune), pour faire marcher les 10 divisions des deux armées, on fut amené à les mettre l'une derrière l'autre. On revenait donc au corps d'armée avec cette circonstance aggravante que les troupes de la division de queue avaient devant elles les trains de celle de tête, ce qui retardait son arrivée sur le champ de bataille.

mètres par les routes de Krottau, Friedland et Neustadt, et le 25 au soir cantonne aux environs de Reichenberg.

On n'a rencontré aucun Autrichien.

Voici en effet ce qui s'était passé du côté des Autrichiens :

Le 10 juin, l'armée autrichienne avait achevé sa concentration en Moravie, mais elle manquait encore de beaucoup de choses et Benedek, ainsi qu'il arrive toujours aux généraux médiocres, ne la trouvait pas suffisamment prête pour entamer les opérations.

Le 15 juin, il avait été mis au courant de l'intention du roi de Saxe de ne pas répondre à la sommation du Cabinet de Berlin et de faire entrer son armée en Bohême. François-Joseph l'invitait à recueillir les Saxons.

Mais, avant d'aller recueillir les Saxons, Benedek désirait être fixé sur les mouvements des Prussiens en Haute-Silésie.

Le 17 juin, il avait appris que le gros des forces prussiennes semblait se rapprocher de l'Elbe vers Gœrlitz et que les mouvements signalés sur la Neisse ne devaient être que des démonstrations.

Il donna alors des ordres pour porter l'armée vers Kœniggrætz suivant le projet établi.

En même temps il enjoignit au 1er corps (Clam-Gallas) de recueillir les Saxons puis de se replier avec eux sur l'armée (croquis n° 1).

En conséquence, laissant la 1re division de cavalerie légère le long des montagnes, Clam-Gallas concentre son corps entre Jung-Bunzlau et Münchengrætz.

Le 17 juin, les Saxons étaient arrivés à Lobositz et Theresienstadt où ils s'étaient embarqués en chemin de fer à destination de Prelaue près Pardubitz; leur cavalerie suivit la voie de terre par Jung-Bunzlau.

Le plan de Benedek.

Le 20 juin, le plan de Benedek était d'amener ses forces à Joseptstadt en position centrale contre les forces prussiennes débouchant du nord et de l'est, puis de se porter contre Frédéric-Charles avec son gros, en se bornant à empêcher, par des détachements, le Kronprinz de déboucher par la trouée de Glatz.

Pour déboucher lui-même sans encombre sur l'Iser, il avait envoyé le 20 l'ordre de tenir ce cours d'eau : les Saxons, dont certaines unités étaient déjà débarquées, durent rebrousser chemin.

24 juin. — Le 24, le Prince royal de Saxe prit le commandement des deux corps d'armée; il ramena les Saxons vers l'Iser et donna le 26 repos aux troupes.

26 juin. — Dans la journée du 26, il apprit que la cavalerie autrichienne avait dû évacuer Türnau. En même temps, il recevait de Benedek, encore résolu à déboucher de l'Iser contre Frédéric-Charles, un télégramme lui enjoignant de tenir Münchengrætz et Türnau à tout prix. En conséquence, il dirigea le soir même une brigade sur l'Iser, de façon à s'ouvrir le passage le lendemain.

Dans la nuit, nouvelle dépêche de Benedek l'informant que, craignant de voir l'armée du Kronprinz déboucher de Trantenau et de Nachod, il suspend la concentration de l'armée autour de Josephstadt, et le laisse libre d'apprécier si le mouvement du lendemain, sur l'Iser, est encore avantageux. Fort embarrassé de démêler ce que veut au juste Benedek, le prince de Saxe renonce à reprendre la ligne de l'Iser et, d'accord avec Clam-Gallas, décide de se retirer le 28 sur le gros vers Gitschin suivant les instructions primitives.

Reportons-nous du côté prussien, et voyons les effets de toutes ces tergiversations.

26 juin. — Frédéric-Charles avait l'intention de faire aborder la ligne de l'Iser le 27 par les deux armées à la fois. Il fallait pour cela faire exécuter à l'armée de l'Elbe une conversion à gauche sur la Ire formant pivot.

A cet effet, la Ire armée devait avoir repos le 26 sous la protection d'une avant-garde poussée vers Türnau tandis que l'armée de l'Elbe se porterait en avant.

Les mouvements du 26 donnèrent lieu à deux engagements : à Hühnerwasser et à Liebenau entre les avant-gardes prussiennes et des détachements autrichiens qu'elles bousculèrent facilement.

Frédéric-Charles résolut alors de pousser le succès de ses avant-gardes et de faire occuper immédiatement les ponts de l'Iser. Türnau fut trouvé inoccupé, un combat de nuit donna le pont de Podol.

27 juin. — Après ce combat, le contact de l'ennemi est perdu. Les deux divisions de cavalerie du prince Frédéric-Charles, qui auraient dû le renseigner, marchent réunies en un seul corps, à la queue de l'armée, si bien que le 27 au soir elles étaient encore à 30 kilomètres en arrière du front de l'armée.

Réduit à des hypothèses, Frédéric-Charles s'imagine que les Saxons et le 1er corps autrichien l'attendent à Münchengrætz. Il prend des dispositions pour les y envelopper.

A cet effet, la journée du 27 est employée à faire serrer les divisions et à les concentrer en vue d'une bataille sur Münchengrætz pour le lendemain. Six divisions doivent opérer concentriquement contre les deux corps ennemis, les autres former réserve.

28 juin. Combat de Münchengrætz. — Ce déploiement *a priori* des deux armées prussiennes se fait, en réalité, contre deux simples arrière-gardes. Il donne lieu à un combat qui dure de 10 heures à midi. A la suite de ce combat ces arrière-gardes purent d'ailleurs rejoindre leurs colonnes.

L'enchevêtrement produit par le déploiement à vide des six divisions de première ligne fut tel que la journée du 28 et la matinée du 29 suffirent à peine à reformer ces divisions.

29 juin. — Combat de Gitschin. — Du côté autrichien, le 1er corps (Clam-Gallas) et le corps saxon, qui s'étaient arrêtés le 28 au soir non loin de Gitschin, se sont remis en retraite le 29 dès 3 heures du matin. A 9 heures, le Ier corps s'établissait au nord de Gitschin. A ce moment, le prince de Saxe recevait un télégramme de Benedek enjoignant aux deux corps de continuer leur retraite. Il s'empresse de rejoindre Clam-Gallas pour lui en faire part; mais ce dernier vient de recevoir lui-même un télégramme de Benedek lui promettant dans la journée l'appui du 3e corps et lui annonçant sa propre arrivée pour le lendemain et son projet de prendre l'offensive contre l'armée de Frédéric-Charles.

Assez embarrassés, les deux généraux prennent le parti de tenir en avant de Gitschin, et déploient leurs deux corps sur un front de 10 kilomètres. Le combat de Gitschin va en résulter.

Après le combat de Münchengrætz, qui s'est terminé à midi, il a fallu, avons-nous dit, remettre de l'ordre dans les troupes prussiennes, ce qui a pris toute l'après-midi du 28 et la matinée du 29.

Le 29, Frédéric-Charles comptait n'envoyer qu'un simple détachement à la découverte vers Gitschin quand, à 9 heures du matin, il reçoit la dépêche ci-après expédiée de Berlin par Moltke vers 7 heures.

> Malgré une série de combats victorieux, la IIe armée se trouve encore dans une situation difficile. S. M. le Roi compte que la Ire armée se hâtera de se porter en avant pour la dégager.

Frédéric-Charles décide alors de porter ses troupes en avant le jour même et suivant un dispositif qui lui permet d'envelopper les Austro-Saxons qu'il suppose devoir tenir à Gitschin.

Comme on ne dispose que de deux routes, on est réduit à ne faire que deux colonnes, et la difficulté qu'on a à former ces colonnes avec les divisions mêlées par le combat de la veille, fait que les deux divisions de tête seules purent s'engager ce jour-là.

La division Tümpling (colonne du Nord) arriva vers 3 h 1/2 du soir au nord de Gitschin, et la division Werder (colonne du Sud) vers 5 h 1/2 à l'ouest de la ville. Les deux divisions étaient séparées par un intervalle de 6 kilomètres de rochers et de hauteurs boisées occupés par les Autrichiens qui avaient une belle occasion d'écraser deux divisions prussiennes.

Mais, atteints dans leur moral par leur retraite continue, les deux corps autrichiens soutinrent mal l'attaque, et, à 8 heures du soir, le prince de Saxe, ayant reçu une dépêche de Benedek lui enjoignant d'éviter tout engagement sérieux et de se retirer sur le corps principal, ordonna la retraite.

Cette retraite, faite dans l'obscurité à travers Gitschin, amena le mélange complet des unités saxonnes et autrichiennes. Les Prussiens pénétrèrent à la suite des Autrichiens dans Gitschin où se produisit un sanglant combat de nuit.

Ainsi, la Ire armée prussienne avait accompli heureusement son programme : elle avait atteint Gitschin.

Voyons les opérations de la IIe armée.

CHAPITRE VIII

DÉBOUCHÉ DE LA IIe ARMÉE

IIe ARMÉE : 4 CORPS Ier, Ve, VIe, GARDE

19 juin. — Le 19 juin, la IIe armée a reçu l'ordre de ramener ses corps sur la trouée de Glatz. Le VIe corps, maintenu provisoirement sur la Neisse, doit exécuter des démonstrations pour attirer de ce côté l'attention des Autrichiens, puis se dérober et venir par Glatz rejoindre la IIe armée.

A cette date, la IIe armée occupe avec les Ier et Ve corps et la Garde, au nord de la Neisse, de Münstenberg à Brieg, un front de 40 kilomètres couvert à 30 kilomètres en avant par le VIe corps (à Steinau).

Le Prince royal ramène donc son armée de la Neisse vers la trouée de Glatz et accorde un jour de repos à ses troupes le 24 juin.

La IIe armée doit atteindre l'Elbe supérieur le 28 juin aux trois points d'Arnau, Kœniginhof et Gradlitz.

La région montagneuse qu'elle doit traverser est très difficile; elle ne dispose que de trois routes sans communication latérale.

Avant de voir cette traversée, il faut revenir à l'*armée autrichienne*.

L'idée de Benedek était, nous l'avons vu, de prendre avec ses forces une position centrale à Josephstadt entre les deux masses prussiennes.

Espérant pouvoir, avec peu de monde, empêcher le

Kronprinz de déboucher, il voulait porter d'abord le gros de ses forces contre Frédéric-Charles.

Mon plan, comme ce serait, je pense, le plan de tout homme raisonnable, écrivait-il le 24 juin (1), est de tomber d'abord sur le prince Charles et de me retourner ensuite contre le Kronprinz. Si on me laisse réaliser mon idée, j'ai bon espoir que je les battrai.

L'armée autrichienne, concentrée le 10 juin entre Brünn et Olmütz, a rompu le 17 juin en trois colonnes dans la direction de Josephstadt. où elle doit être tout entière réunie le 30 juin dans le dispositif suivant :

Colonne de gauche	Colonne du centre	Colonne de droite
Réserve d'artillerie (22). 2e division de cavalerie réserve.	3e corps (17). 8e corps (19). Grand Quartier général. 3e division cavalerie réserve.	1re division cavalerie réserve. 10e corps (17). 4e corps (19). 6e corps (18). 2e corps (26). 2e division cavalerie légère.

Les chiffres indiquent les jours de mise en marche de ces corps.

Ce dispositif de translation devait permettre, si l'ennemi débouchait des montagnes pendant la marche de l'armée, de se présenter en bataille sur deux lignes par un à-droite des corps.

La voie ferrée ne fut utilisée que pour transporter des approvisionnements, huit équipages de pont et trois bataillons de sapeurs.

L'intendance, surprise par l'ordre de mouvement, ne put que très imparfaitement assurer la subsistance des troupes pendant la marche.

---

(1) *Papiers posthumes*. Leipzig, 1901.

La marche est couverte du côté de la Silésie par le 2e corps maintenu à Landscron jusqu'au 26, par la 2e division de cavalerie légère à Frendenstadt jusqu'au 23, par la 3e division de cavalerie de réserve à Sternberg jusqu'au 23.

26 juin. — Le 26 juin, les troupes autrichiennes arrivaient aux emplacements ci-après :

1re division de cavalerie réserve : Skalitz;

10e corps, Prausnitz;

4e corps, près Jaromir;

6e corps, Opocno;

3e corps, Kœniggrætz;

8e corps, un peu en arrière d'Opocno;

2e et 3e divisions de cavalerie légère, Seuftenberg.

Dès le 25 au soir, Benedek a été averti que les Prussiens menacent Trautenau, Braunau et Nachod et que leur VIe corps longe la frontière pour se rapprocher de Glatz.

A ce moment, Benedek aurait pu profiter de ce que la IIe armée débouche devant lui pour l'écraser.

Il aurait pu avoir le 27 de bonne heure :

le 10e corps à Trautenau,

la 4e corps à Eipel,

le 6e corps à Nachod,

formant une première ligne, en arrière de laquelle il eût disposé du 3e et du 8e corps.

En un mot, dans la journée du 27, il pouvait présenter cinq corps à la IIe armée prussienne qui ne disposait que de trois corps échelonnés par division sur quatre routes et sans liaison entre eux (le VIe corps prussien étant trop éloigné pour que le Prince royal pût le mettre en ligne).

Mais Benedek tient à son projet d'attaquer en premier lieu Frédéric-Charles. Aussi, poursuivant la concentration de son armée entre Josephstadt et Miletin, il se borne à donner l'ordre, dans la nuit du 26 au 27, au 6e corps (général

Ramming) (1), qui couchait à Opocno, de se rendre à 3 heures du matin à Skalitz d'où il poussera une avant-garde sur Nachod, et au 10e corps (général Gablentz), qui couchait à Prausnitz, de prendre une position en avant de Trautenau le lendemain.

Chose curieuse, Benedek oublie de fermer le débouché

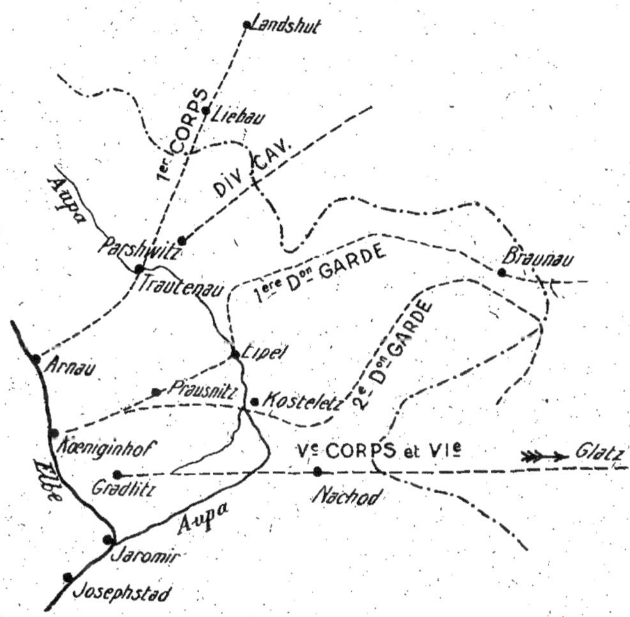

des montagnes qui vient de Braunau sur Eipel ou Kosteletz et cependant la Garde prussienne lui a été signalée sur cette route.

L'ordre donné contenait la phrase suivante :

L'armée n'ayant pas achevé de se déployer en avant de Josephstadt, cette disposition a pour objet de couvrir ses mou-

(1) Le général Ramming ne reçut qu'à 1 h. 1/2 du matin l'ordre de Benedek qui n'était pourtant qu'à 15 kilomètres.

vements (il s'agit ici de l'envoi des 10e et 6e corps à Trautenau et à Skalitz), mais cela ne doit nullement empêcher de courir sus à l'ennemi avec la plus grande vigueur partout où il se montrera. Cependant il faut limiter la poursuite de l'ennemi à la frontière, qu'on ne doit pas dépasser jusqu'à nouvel ordre.

Voyons ce qui va résulter de ces dispositions.

27 juin. — Le Prince royal, ainsi que nous l'avons dit, avait résolu d'entrer en Bohême le 27 juin, par les trois routes de Landshut à Trautenau (Ier corps), de Braunau à Eipel (Garde) et de Glatz à Nachod (Ve corps). Ces routes distantes de 25 à 30 kilomètres n'avaient aucune communication entre elles.

Pour procurer en cas de besoin un secours aux colonnes des ailes, on fait marcher la Garde par division par des chemins aboutissant à Eipel et à Kosteletz mais qui se rapprochaient de Trautenau et de Nachod.

D'après les prévisions du Prince royal, la IIe armée doit atteindre le 27 la ligne de l'Aupa, le 28 la ligne de l'Elbe.

Combat de Trautenau. — A droite, le Ier corps (général von Bonin) marche en deux colonnes sur Trautenau. En débouchant des montagnes vers 8 heures, la colonne de gauche fait halte pour attendre la colonne de droite qui doit fournir l'avant-garde, elle s'arrête donc pendant deux heures à Parschwitz sans songer à se garder et, en particulier, sans faire occuper, à 4 kilomètres devant elle, le pont de Trautenau sur l'Aupa. Enfin, à 10 heures la colonne de droite, ayant débouché à son tour, pousse sur Trautenau son avant-garde qui s'empare aisément du village gardé seulement par quelques dragons autrichiens. Sans lancer même une patrouille au delà du village, l'avant-garde commence à préparer son cantonnement à Trautenau, lorsqu'une pluie d'obus vient s'abattre sur elle. C'est une brigade autrichienne, avant-garde du 10e corps (de Gablentz), qui s'engage ainsi à l'improviste, sans que sa présence eût été signalée. La surprise est complète pour les Prussiens; mais, grâce à l'énergie des officiers, grâce au bon esprit de la troupe, le désordre est assez vite réparé, et l'avant-garde du Ier corps, débouchant du village, parvient à repousser la brigade autrichienne.

A 3 heures, celle-ci semble en pleine retraite; le feu cesse, et de Bonin refuse le concours d'une division de la Garde, accourue au canon, laquelle reprend sa marche sur Eipel.

Mais un peu après 3 heures, la brigade autrichienne était rejointe par les autres brigades du 10e corps; les Autrichiens reprennent l'offensive et culbutent l'avant-garde prussienne que le gros ne vient pas soutenir en temps opportun. Malheureusement, interprétant trop strictement les ordres de Benedek, Gablentz arrêtait la poursuite à l'Aupa, alors qu'une poursuite énergique aurait donné des profits énormes. Bien que non poursuivi, et malgré la fatigue des troupes, le Ier corps prussien continue sa retraite pendant toute la nuit et reflue, non sans désordre, jusque dans ses cantonnements de la veille.

Combat de Nachod. — Le même jour, à l'aide gauche, le Ve corps prussien, commandé par le général Steinmetz, obtenait au contraire un succès décisif sur le 6e corps autrichien (général Raming).

Comme nous l'avons dit, le Ve corps devait atteindre le 27, l'Aupa.

Dès le 26 au soir, le commandant de l'avant-garde a, de sa propre initiative, poussé jusqu'à Nachod, à 18 kilomètres du gros, pour assurer le lendemain au gros de la colonne le débouché au delà de la Mettau.

Cette avant-garde occupait donc le 27 au matin les hauteurs de la rive droite, lorsque les troupes avancées du 6e corps autrichien vinrent se heurter à elle. Jusqu'à midi, l'avant-garde prussienne eut à supporter les efforts renouvelés de quatre brigades autrichiennes qui, heureusement pour elle, ne débouchèrent que successivement sur le champ de bataille. A midi enfin, le gros du Ve corps prussien entre en ligne à son tour et prend résolument l'offensive. Bien que privé de son artillerie de réserve qui s'est embourbée au passage de la Mettau, et ne peut engager que quatre batteries sur douze, à 5 heures le Ve corps prussien était maître du champ de bataille. Le 6e corps autrichien, très éprouvé, se retire sur Skalitz.

Le corps de la Garde était arrivé le 27 au soir à Eipel et à Kosteletz, sans coup férir, Benedek ayant négligé de faire surveiller la route de Braunau.

28 juin. — Combat de Soor. — Le 28, à 1 heure du matin, le Prince royal, informé de l'échec subi par le Ier corps à Trautenau, envoit aussitôt l'ordre à la Garde de se porter en avant le plus rapidement possible pour ouvrir au Ier corps le défilé de Trautenau.

De son côté, le 10e corps autrichien, se sentant très menacé dans la position avancée qu'il occupe à Trautenau, a demandé et obtenu l'autorisation de se replier sur Prausnitz. Il exécutait ce mouvement, le 28 dans la matinée, lorsqu'il est attaqué en flanc par la Garde. La brigade d'arrière-garde est presque complètement détruite et le reste du corps d'armée ne peut s'échapper qu'en laissant aux mains de l'ennemi ses bagages et un grand nombre de prisonniers.

Combat de Skalitz. — Le même jour, le Ve corps prussien Steinmetz, renforcé d'une brigade du VIe, remporte un éclatant succès devant Skalitz sur le 8e corps autrichien arrivé le matin même en ce point pour y relever le 6e corps (Raming) très éprouvé, la veille, au combat de Nachod.

29 juin. — Le 29, le Ier corps prussien, ayant repris un peu d'assurance, se met en mouvement et s'avance jusqu'à 10 kilomètres au delà de Trautenau.

La Garde marche sur Kœniginhof et en chasse, à la suite

d'un court combat d'avant-garde, la petite garnison qui occupe la ville.

Combat de Schweinschœdel. — Le Ve corps, rejoint par le VIe, se porte dans la journée sur Gradlitz; il bat, au combat de Schweinschœdel, le 4e corps autrichien qui cherche à lui barrer la route, et atteint Gradlitz à la nuit tombante.

Ainsi quatre corps autrichiens qui, bien engagés, auraient très facilement infligé un désastre à la IIe armée, se sont fait battre successivement.

CHAPITRE IX

RÉUNION DES ARMÉES PRUSSIENNES

Le 29 juin au soir, les trois armées prussiennes étaient donc en Bohême : l'armée de l'Elbe sur la rive gauche de l'Iser en avant de Münchengrætz; la Ire armée autour de Gitschin, but assigné à sa marche; la IIe armée a atteint l'Elbe supérieur et en tient les ponts à Kœniginhof et à Gradlitz avec ses deux corps de tête.

Les coureurs des deux armées se sont donné la main entre Arnau et Türnau.

La réunion des trois armées est donc virtuellement accomplie, puisqu'une seule journée de marche sépare la IIe armée de la Ire, en liaison intime avec l'armée de l'Elbe (1).

A partir de ce moment, dit la relation prussienne, les deux masses prussiennes étaient libres d'opérer leur jonction immédiate, si les circonstances faisaient juger cette mesure nécessaire. On préféra les laisser *séparées*. Cette division, sans dangers au point de vue stratégique, avait de très grands avantages au point de vue tactique. En effet, que l'on vînt, après avoir réuni les armées en un seul bloc, à rencontrer l'ennemi sur une position d'où l'on ne pourrait le déloger en l'attaquant seulement de front, il faudrait les diviser de nouveau pour exécuter contre lui une attaque de flanc.

Au contraire, en maintenant les armées à une petite journée de marche l'une de l'autre, aucune d'elles ne courait de danger si l'ennemi venait à l'attaquer, car alors il serait lui-même pris en flanc.

---

(1) Il y a 30 kilomètres environ de Gitschin à Arnau.

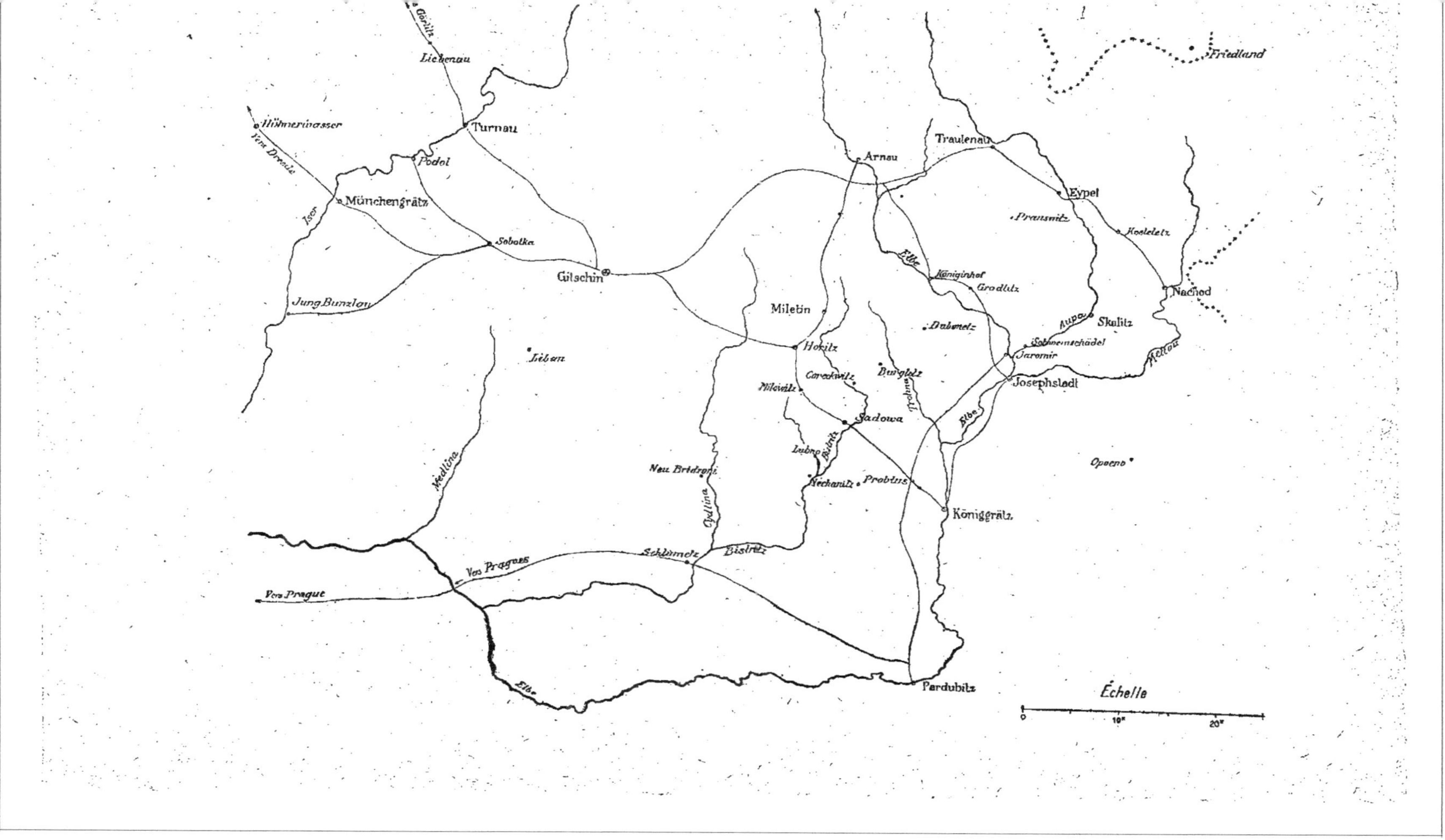

Görlitz
Liebenau
Friedland
Hühnerwasser
Vers Dresde
Turnau
Podol
Münchengrätz
Iser
Sobotka
Gitschin
Jung Bunzlau
Liban
Medlina
Arnau
Traulenau
Eypel
Prausnitz
Kosteletz
Nachod
Elbe
Königinhof
Grodlitz
Miletin
Dubenetz
Skalitz
Aupa
Jaromir
Mettau
Horitz
Josephstadt
Miletitz
Bistritz
Sadowa
Lubno
Neu Bidzow
Nechanitz
Probus
Opocno
Königgrätz
Cydlina
Schlimetz
Vers Prague
Pardubitz
Échelle
0
10
20

Nous discuterons plus loin le dispositif prussien. Le 30 juin au matin, le roi de Prusse, qui est resté jusqu'alors à Berlin avec Moltke et le Grand État-major, rejoint avec eux les forces en Bohême. Quelques instants avant son départ, il a reçu une dépêche lui annonçant que la IIe armée est maîtresse de la ligne de l'Elbe. Pendant le voyage on expédie aux chefs des deux armées, la dépêche suivante :

La IIe armée devra se maintenir sur le haut Elbe; son aile droite sera prête à se relier, par Kœniginhof, à l'aile gauche de la Ire armée, qui continuera son mouvement en avant. La Ire armée s'avancera sans s'arrêter dans la direction de Kœniggrætz. Si, dans ce mouvement, on rencontre sur la rive droite des forces ennemies considérables, le général Herwarth devra les attaquer et les rejeter loin du gros de l'armée.

En exécution de cet ordre, le 30 juin au soir, la Ire armée s'est avancée jusqu'à la ligne Miletin—Horitz, l'armée de l'Elbe jusqu'à Liban.

Quant à la IIe armée, qui a atteint l'Elbe supérieur à Arnau et Kœniginhof, elle n'a qu'à attendre le mouvement en avant de la Ire armée pour voir s'ouvrir tout naturellement devant elle tous les passages de l'Elbe. Elle ne peut en effet songer à tenter de vive force le passage de la rivière en présence de l'armée autrichienne tout entière concentrée, comme nous allons le voir, sur l'autre rive, sur les hauteurs de Dubenetz, tandis que le mouvement de Frédéric-Charles sur Miletin et Smidar, menaçant de prendre l'armée autrichienne entre deux feux, obligerait à coup sûr celle-ci à découvrir les ponts de l'Elbe en se retirant.

CHAPITRE X

LA MANOEUVRE DE SADOWA

Pour la compréhension de ce qui va suivre il est indispensable de voir succinctement les mouvements de l'armée autrichienne.

Le 27 juin, nous l'avons vu, l'armée autrichienne est concentrée autour de Josephstadt, couverte à l'est par deux corps placés à Trautenau et Nachod au débouché des montagnes, et à l'ouest par deux corps tenant la ligne de l'Iser de Münchengrætz à Türnau. Elle occupe ainsi une *position centrale* entre les deux masses prussiennes encore séparées par quatre journées de marche.

Benedek, toujours dans l'intention de porter le gros de ses forces au-devant de la Ire armée, télégraphie à Vienne qu'il n'a devant lui vers l'est que des forces insignifiantes, et qu'il va donner suite à son projet de marcher avec le gros de ses forces à la rencontre de Frédéric-Charles.

Les ordres de mouvement étaient partis et avaient reçu un commencement d'exécution, lorsque la vigueur des attaques de la IIe armée et l'échec de Nachod ouvrirent les yeux à Benedek sur le danger qui le menace sur sa droite. Ordre est donné au gros de l'armée déjà en marche vers l'Iser, de s'arrêter sur le plateau de Dubenetz pour faire face à l'armée du Prince royal.

Quant à la couverture de l'ouest, constituée par le Ier corps et le corps saxon, elle devra abandonner la ligne de l'Iser et, par Miletin et Horitz, venir rejoindre le gros de l'armée.

Mais pendant que cette concentration s'effectuait lentement, les armées prussiennes avaient marché. La Ire armée avait battu Clam-Gallas à Gitschin, la IIe armée avait atteint l'Elbe supérieur.

Benedek, découragé par les échecs successifs de ses corps avancés, menacé d'enveloppement par la marche de Frédéric-Charles, se décide à éviter les affaires de détail et à se replier sur un champ de bataille, pris à loisir, où il livrerait avec toute son armée réunie une bataille défensive.

Il choisit pour cela le plateau compris entre l'Elbe et la Bistritz. Il réunit ses corps, le 2 juillet, après une série de marches et de contre-marches qui épuisèrent et déprimèrent ses troupes.

Le mouvement de retraite de Benedek échappa complètement aux Prussiens, dont le service d'exploration était, nous l'avons dit, pour ainsi dire inexistant.

Ce jour-là (2 juillet), avoue la relation prusienne, les avant-gardes des deux armées ennemies étaient à 6 kilomètres l'une de l'autre, et pourtant aucune des deux ne se doutait que l'autre fût aussi près d'elle et aussi concentrée. Du côté des Prussiens, on n'avait eu connaissance ni de la marche du gros de l'armée autrichienne sur Dubenetz, ni de sa retraite pendant la nuit.

Dans l'ignorance de la position des Autrichiens, Moltke prête à Benedek le projet qui lui semble le plus naturel : à savoir de profiter de l'obstacle de l'Elbe moyen pour « occuper derrière le fleuve une position dont les ailes s'appuieraient aux places de Josephstadt et de Kœniggrætz ».

On pouvait, dit la relation prusienne, ou attaquer les Autrichiens sur cette position, ou manœuvrer pour les obliger à en sortir.

Dans le premier cas, il fallait faire marcher la IIe armée sur le flanc droit de la position (rive gauche de l'Elbe) pendant que la Ire armée l'attaquerait de front (rive droite).

Dans le deuxième cas, il fallait que l'armée exécutât sous les yeux de l'ennemi une grande marche par le flanc droit, pour gagner Pardubitz d'où elle menacerait ses communications et prendre des précautions pour empêcher l'ennemi de sortir de sa position et de venir jeter le trouble dans cette manœuvre.

Mais entre Josephstadt et Kœniggrætz, l'Elbe large et profond constitue un obstacle presque impossible à franchir de vive force sous le feu des nombreuses batteries que les Autrichiens pouvaient déployer. Le flanc droit de la position, couvert par l'Aupa et la Methau, offre lui aussi, de sérieuses difficultés d'approche. Aussi de ces deux solutions, de Moltke choisit la seconde. Il fait donner l'ordre :

A l'armée de l'Elbe de marcher sur Pardubitz et de s'emparer des ponts où passe la voie ferrée de Prague à Vienne et à Olmütz, ligne de communication de l'armée autrichienne;

A la Ire armée de suivre le mouvement de l'armée de l'Elbe. Un détachement de son aile gauche reconnaîtra la ligne de l'Elbe entre Kœniggrætz et Josephstadt;

A la IIe armée d'attendre dans ses positions actuelles que les routes soient dégagées devant elle. Le Ier corps prendra position devant Josephstadt. Un paragraphe spécial de l'ordre autorise la Ire armée, si dans sa reconnaissance de l'Elbe elle rencontre des forces ennemies, à les attaquer .

C'est en définitive une manœuvre de Kolin que Moltke entreprenait devant la position autrichienne.

Nous discuterons plus loin cette manœuvre, laquelle, en face d'un adversaire actif, aurait pu coûter cher aux Prussiens. Car les deux précautions essentielles pour l'entreprendre sans trop de risques n'avaient pas été prises : protection suffisante de la marche et changement de la ligne d'opération (1).

---

(1) Voici l'ordre complet de Moltke :

Le général d'infanterie Herwarth (commandant l'armée de l'Elbe) sera dirigé

D'ailleurs la manœuvre allait être arrêtée net par Frédéric-Charles qui, sans même en référer à Moltke et au Roi, va organiser contre les Autrichiens, en position sur la Bistritz, une bataille à double enveloppement du système d'Annibal à Cannes.

(par les soins du prince Frédéric-Charles) vers Schlumetz, avec mission d'observer Prague et de s'assurer des ponts de Pardubitz.

Les autres corps de la Ire armée se porteront sur la ligne Neu-Bidzow—Horitz; cependant l'aile gauche enverra sur Sadowa un détachement chargé de reconnaître la ligne de l'Elbe entre Kœniggrætz et Josephstadt.

Si l'on rencontre en avant de cette ligne (de l'Elbe) des forces ennemies, et si elles ne sont pas trop considérables, on devra les attaquer immédiatement, en s'assurant, autant que possible, la supériorité sur elles.

Le Ier corps (IIe armée) s'avancera par Miletin sur Burglitz et Cerekwitz; il sera chargé d'observer Josephstadt et de couvrir la IIe armée, pendant qu'elle exécutera sa marche par le flanc droit, si l'ordre lui en est donné.

Les autres corps de la IIe armée resteront encore, le 3 juillet, sur la rive gauche de l'Elbe et devront envoyer des reconnaissances vers l'Aupa et la Méthau.

Des rapports sur le terrain et la situation de l'ennemi devront être immédiatement adressés au G. Q. G.

Si la conclusion à tirer de ces rapports est que les deux armées rencontreraient trop de difficultés à l'attaque de l'armée ennemie, que l'on suppose établie entre Kœniggrætz et Josephstadt, ou que la majeure partie de l'armée autrichienne ait déjà évacué cette position, on continuera le mouvement général dans la direction de Pardvbitz.

La IIe armée prendra immédiatement ses mesures pour assurer la nourriture des troupes pendant cette marche.

Les commandants des deux armées enverront chaque soir des officiers prendre les ordres au Quartier général de Sa Majesté le Roi.

Quartier général de Gitsehin, le 2 juillet 1866. Signé : DE MOLTKE.

TROISIÈME PARTIE

CHAPITRE XI

BATAILLE DE SADOWA OU DE KOENIGGRAETZ (3 juillet) (1)

L'ordre donné à la Ire armée, pour l'exécution de la marche de flanc qui doit porter les forces prussiennes vers Pardubitz sur les communications de l'armée autrichienne, se terminait, nous venons de le voir, par la phrase ci-après :

Un détachement de l'aile gauche de la Ire armée marchera sur Sadowa pour reconnaître la ligne de l'Elbe entre Kœniggrætz et Josephstadt.

Si l'on rencontre en avant de cette ligne des forces ennemies et si elles ne sont pas trop considérables, on devra les attaquer immédiatement en s'assurant autant que faire se pourra la supériorité sur elles.

Cet ordre parvint vers 3 heures après-midi à Frédéric-Charles. Vers 6 heures des reconnaissances d'officiers annoncent que quatre corps autrichiens se trouvent en avant (à l'ouest) de l'Elbe entre le fleuve et la Bistritz.

Frédéric-Charles en conclut que puisque les Autrichiens ne sont pas restés sur la défensive derrière l'Elbe, c'est qu'ils marchent pour l'attaquer le lendemain. Il veut les devancer : on entamera le déploiement à 2 heures du matin.

Comme il dispose (l'armée de l'Elbe comprise) de 4 corps

(1) Sadowa est sur la Bistritz, Kœniggrætz sur l'Elbe.

et demi et de 3 divisions de cavalerie, c'est-à-dire de 135.000 hommes environ, il croit avoir mis la main sur une occasion superbe de s'illustrer le lendemain. Et, sans en référer à Moltke ni au Roi qui sont à Gitschin à 12 kilomètres à peine de lui, s'autorisant de la phrase précitée de l'ordre reçu à 3 heures, il décide d'attaquer avec toutes ses forces l'ennemi le lendemain.

La Ire armée se formera demain en bataille pour attaquer la position de la Bistritz, à Sadowa, sur la route de Horitz à Kœniggrætz.

Une division, la division Fransecky, ira de nuit au château de Cerekwitz sur la rive gauche de la Bistritz pour se trouver en mesure, le lendemain, de déborder le flanc droit de la position autrichienne.

L'armée de l'Elbe s'avancera sur le flanc gauche de l'ennemi par Nechanitz.

Frédéric-Charles écrit toutefois au Prince royal pour lui demander de couvrir son flanc gauche contre les forces autrichiennes qui pourraient déboucher de Josephstadt

en faisant avancer le corps de la Garde ou même un plus grand nombre de troupes sur la rive droite de l'Elbe, par Kœniginhof dans la direction de Josephstadt (1).

La bataille ainsi organisée — bataille où il ne laisse au Prince royal qu'un rôle secondaire, — les ordres rédigés et expédiés, Frédéric-Charles envoie, à 9 heures du soir à Gitschin, son chef d'état-major, le général de Voigts-Retz, rendre compte au Roi et à Moltke des renseignements recueillis et des dispositions prises.

---

(1) D'ailleurs, le général de Blumenthal, chef d'état-major de la IIe armée, s'appuyant sur les instructions reçues du Grand État-major, répondit à cette demande par une fin de non-recevoir.

C'était vraiment une initiative exagérée de Frédéric-Charles de disposer de toutes les forces prussiennes, sans en référer au Roi qui n'est qu'à 10 kilomètres de lui, pour organiser une bataille qui peut être générale. Car Frédéric-Charles croit lui-même que les quatre corps autrichiens, reconnus entre l'Elbe et la Bistritz, ne sont que l'avant-garde des forces autrichiennes s'avançant offensivement.

Moltke admet sans discussion cette hypothèse et les mesures prises par Frédéric-Charles. Mais, estimant que toutes les forces prussiennes ne seront pas de trop pour donner sûrement la victoire, il dépêche immédiatement au Prince royal l'ordre d'amener, le lendemain, toute la IIe armée au secours de la Ire.

Après l'exposé de la situation (1), cet ordre se termine ainsi :

V. A. R. voudra bien prendre sur-le-champ les dispositions nécessaires pour venir au secours de la Ire armée avec toutes ses forces en se dirigeant sur le flanc droit de l'ennemi, qu'elle trouvera probablement en marche et en l'attaquant immédiatement.

Bien vague, on le voit, était la directive donnée au Kronprinz.

Mais la IIe armée arrivera-t-elle à temps au secours de la Ire ?

Les ordres donnés à la Ire armée de se

« former en bataille pour attaquer la position de la Bistritz à Sadowa sur la route de Horitz à Kœniggrætz » et à la division

(1) D'après les renseignements recueillis par la Ire armée, l'ennemi s'est avancée jusqu'à Sadowa sur la Bistritz : il a réuni sur ce point une force d'environ trois corps, qui peuvent encore recevoir des renforts; il est probable qu'une rencontre aura lieu demain matin de bonne heure entre lui et la Ire armée.

D'après les ordres envoyés à la Ire armée, elle aura demain matin 3 juillet, à 2 heures. deux divisions à Horitz, une à Milowitz, une à Cerekwitz, deux à Psanck et Bristau, le corps de cavalerie à Gutwasser.

Chose singulière, il n'est question, dans cet exposé, que de trois corps et non des quatre reconnus.

Fransecky « de se porter en avant de Cerekwitz aussitôt que le combat s'engagerait à Sadowa et de prendre à ce combat la part que commanderait les circonstances »,

devaient, on pouvait le prévoir, amener l'engagement, dès le point du jour, de la Ire armée contre des forces considérables de l'ennemi, peut-être contre toutes ses forces.

Or, à quelle heure pouvait-on compter sur les corps de la IIe armée?

Le comte de Finkenstein, aide de camp du Roi, parti à minuit avec l'ordre au Prince royal, a 38 kilomètres à faire de Gitschin à Kœniginhof dans un pays inconnu, par une nuit noire, sous la pluie; il mettra au moins quatre heures s'il ne lui arrive pas d'accident. L'ordre reçu, le Prince royal ou plutôt son chef d'état-major et mentor, le général de Blumenthal (car on ne réveillait pas le Prince), devra rédiger de nouveaux ordres (soit une heure) et les faire parvenir aux corps d'armée déjà en mouvement pour exécuter la reconnaissance vers Josephstadt prescrite la veille au soir.

Les corps de la IIe armée les plus rapprochés de Sadowa ont au moins 22 kilomètres pour atteindre le champ de bataille, par des chemins médiocres et de plus détrempés. Il est donc prudent d'admettre que les têtes de colonne n'y arriveront pas avant midi. Mais y arriveront-elles? ne peuvent-elles pas être arrêtées devant quelque position, quelque coupure du terrain par l'excellente cavalerie autrichienne avec ses batteries légères et appuyée par un corps d'infanterie? Et cela tandis que le reste des forces autrichiennes écrasera la Ire armée.

Et qu'on ne dise pas que Moltke sait à quoi s'en tenir sur l'incapacité de Benedek : il le croit au contraire fort capable et résolu (1).

---

(1) L'ordre du général de Blumenthal expédié à 5 heures du matin fut le suivant :

D'après les renseignements qui m'arrivent, on s'attend à ce que l'ennemi attaque aujourd'hui la Ire armée qui est établie à Horitz, Milovitz et Cerekwitz. La IIe armée doit aller au secours de la Ire; elle marchera comme il suit :

On peut donc trouver que de Moltke laisse bien légèrement s'engager la Ire armée.

Aux approches de la bataille, il viole, avec autant de sans-gêne qu'à l'entrée en campagne, le principe général posé par Napoléon :

> C'est un principe qui n'admet pas d'exception que toute jonction de corps d'armée doit s'opérer en arrière et loin de l'ennemi.

Jamais Napoléon n'a agi aussi légèrement contre un ennemi en position. Qu'on se rappelle Bautzen où la situation l'avant-veille de la bataille est celle du 2 juin 1866 (1).

Vraisemblablement, Napoléon aurait déployé, le 3, la Ire armée et l'armée de l'Elbe. Pour empêcher les Autrichiens de se porter au-devant de la IIe armée, il les aurait attaqués, mais assez tard dans la journée, pour éviter ce jour-là une affaire décisive. La bataille générale n'aurait eu lieu que le 4, après la réunion avec la IIe armée. La marche d'approche de celle-ci se fut opérée d'ailleurs posé-

---

Le Ier corps (à Prausnitz) formera 2 colonnes et se dirigera sur Gross-Bürglitz. La division de cavalerie suivra le Ier corps jusqu'à Gross-Bürglitz. Le corps de la Garde marchera de Kœniginhof sur Jericek. Le VIe corps se dirigera sur Welchow, il enverra de là un détachement d'observation devant la place forte de Josephstadt. La démonstration ordonnée pour aujourd'hui n'aura pas lieu.

Le Ve corps se mettra en marche deux heures après le VIe corps et s'avancera jusqu'à Choteborek.

Les troupes se mettront en route aussitôt que possible; elles laisseront en arrière leurs équipages et leurs bagages et ne pourront les faire venir que sur l'ordre du commandant en chef.

On peut calculer l'heure à laquelle les différents corps pouvaient atteindre le champ de bataille.

Ier corps (à Prausnitz). Recevra l'ordre à 6 heures du matin. Se mettre en mouvement à 7 heures. Sa tête arrivera à Gross-Bürglitz (à 16 kilomètre de Prausnitz) à 11 heures, n'y sera réuni en entier qu'à 3 heures.

Garde (sa tête sur place; sa queue à 6 kilomètres à l'est de Kœniginhof ; peut commencer son mouvement à 5 h 1/2. Sa tête atteindra Jericek à 18 kilomètre de Kœniginhof à 10 heures.

6e corps. Recevra l'ordre à 5 h 1/2. Commencera son mouvement à 6 h 1/2. Sa tête est à 10 kilomètres de Welchow, peut y arriver à 9 heures.

Ve corps. Doit partir 2 heures après le VIe, rompra à 8h 1/2 et aura sa tête de colonne à Choteborck (distance 12 kilomètres) vers 11 h 1/2.

Ainsi les têtes des corps de la IIe armée, sauf la tête du VIe, ne pouvaient atteindre les abords de la Trotina qu'entre 11 heures et midi.

Une fois sur cette rivière, ils se trouveront encore à 5 ou 6 kilomètres à vol d'oiseau d'Horenowes, où l'on pouvait supposer que s'appuyait l'aile droite autrichienne.

(1) Voir Général Camon, *Guerre Napoléonienne : les Batailles*.

ment le 3, et non sous cette forme de course qui aurait pu lui être funeste devant un adversaire actif.

Sans doute Napoléon s'il avait, le 3, aperçu des mouvements de retraite chez l'ennemi, eût attaqué résolument, car on peut agir avec plus de désinvolture contre une armée qui bat en retraite que contre une armée en position.

La bataille.

Journée du 3 juillet. — La journée du 3 juillet va mettre aux prises les forces prussiennes : neuf corps d'armée et les forces autrichiennes : 8 corps. Par des mouvements entamés dès 2 heures du matin, les divisions de la Ire armée viennent occuper les positions de rassemblement indiquées dans l'ordre de la veille. Les trois divisions de l'armée de l'Elbe se dirigent vers Nechanitz pour y passer la Bistritz.

A 1 h 1/2 du matin Frédéric-Charles était à Milowitz.

Voici comment après coup l'Historique a arrangé les événements :

Le rôle de la Ire armée, dit l'Historique, paraissait indiqué et même forcé : occuper l'ennemi en face, attirer ses forces sur elle et lui résister solidement de manière à faire réussir complètement la *double attaque* préparée contre ses deux flancs.

6 heures. — A 6 heures, Frédéric-Charles donne ordre à son armée de se porter en avant pour prendre sur les hauteurs de la rive ouest de la Bistritz « une position où elle fût prête à parer à tous les cas possibles ».

Jusqu'à nouvel ordre, dit l'Historique, on devait s'abstenir d'attaquer réellement, parce que tout compte fait, les corps de la IIe armée, ayant à parcourir une distance de 2 milles à 2 milles 1/2 (1) (15 à 19 kilomètres), elle ne pouvait pas être arrivée avant midi.

(1) Le mille prussien est de 7 km. 500.

Cette rédaction a été trouvée après coup; l'ordre de la veille nettement offensif devait engager forcément la bataille. De plus, ce sont non pas les corps de la IIe armée, mais ses têtes de colonne qui étaient à 15 et 19 kilomètres non pas du flanc droit des Autrichiens, mais de l'entrée du champ de bataille à 4 kilomètres plus avant.

De l'ennemi, on ne sait rien de plus que la veille : le brouillard et la pluie empêchent la vue de s'étendre au loin.

L'engagement. — Dès que les têtes des colonnes prussiennes débouchent sur le versant oriental des hauteurs de Dub, elles sont canonnées par l'artillerie autrichienne.

Entendant le canon sur Sadowa, la division Fransecky, isolée à 6 kilomètres de la gauche de la Ire armée, marche aussitôt, suivant ses instructions, de Cerekwitz sur Benatek.

8 heures. — A 8 heures, le Roi et de Moltke arrivent sur la hauteur de Dub. Frédéric-Charles sollicite et reçoit l'autorisation de s'emparer des points d'appui situés sur la Bistritz. Il est en effet logique d'occuper ces points d'appui de façon à pouvoir empêcher les Autrichiens de déboucher s'ils voulaient attaquer la Ire armée sur la position prise sur la rive occidentale de la Bistritz en devançant l'arrivée des têtes de colonne de la IIe armée. Celles-ci ne peuvent apparaître au plus tôt qu'à midi.

Mais la Ire armée ne s'en tiendra pas à cette tâche logique : pour empêcher la destruction de la division Fransecky si témérairement lancée sur Benatek, elle va être entraînée à passer la Bistritz et à entreprendre l'attaque des hauteurs de la rive gauche.

Devant un adversaire moins démoralisé que Benedek, l'offensive prématurée de la Ire armée aurait pu lui coûter cher et causer la défaite générale des Prussiens.

Le 1er juillet, Benedek a télégraphié à l'Empereur :

Il faut faire la paix à tout prix pour éviter un grand malheur.

Avez-vous livré bataille, lui répondit l'Empereur, ce serait une honte pour une armée d'abandonner la partie sans combattre.

Benedek se résigne à attendre le choc des Prussiens sur les hauteurs entre l'Elbe et la Bistritz.

Le front de la position est couvert par la Bistritz qui a 10 mètres de large et 1 mètre de profondeur. On y trouve de bons points d'appui : villages ou bois. Les abords peuvent être bien battus sauf en un point où le Swiep-wald forme un couvert d'autant plus dangereux qu'il est près de Chlum, saillant de la position. En arrière vers l'Elbe s'étendent des pentes très douces et découvertes. Sur l'Elbe un certain nombre de ponts ont été construits pour permettre la retraite en cas de besoin.

Cette position présente la forme générale d'un redan ayant son saillant au village de Chlum qui sur son tertre isolé apparaît comme une forteresse. Les branches du redan sont tournées vers le nord et l'ouest.

Elle doit être occupée de la façon suivante :

Sur la face nord, 2 corps et 1 division de cavalerie légère (4e corps de Chlum à Nedelitz, 2e de Nedelitz à Lochenitz).

Sur la face ouest, 3 corps, 3e, 10e et Saxons. Ces derniers sur Problus et Niederprim.

En réserve partielle derrière les Saxons, 8e corps et la division de cavalerie légère Edelsheim.

En réserve générale au centre, à droite et à gauche de la route de Sadowa à Kœniggrætz : 1er et 6e corps massés; la réserve d'artillerie; 3 divisions de grosse cavalerie de réserve.

Sur le front de l'armée, les lisières des villages et des bois ont été mis en état de défense; des ouvrages ont été construits sur la crête du plateau de Chlum.

Benedek, ayant encore une arrière-pensée de retraite, n'envoie les ordres pour le placement des troupes que tard dans la nuit. Aussi n'arriveront-elles sur leurs positions qu'au moment de s'engager et n'auront pas le temps de les reconnaître.

En fait, il y a là 206.000 Autrichiens massés dans un triangle dont la base ne mesure pas 10 kilomètres. Aucune disposition ne pouvait mieux favoriser le plan des Prussiens.

L'excellente cavalerie autrichienne, qui aurait pu renseigner Benedek sur ses ailes et retarder la marche de la IIe armée et de l'armée de l'Elbe, est là inerte.

L'analyse détaillée de la bataille sort du cadre de cette étude. Voyons-en seulement les grandes lignes qui sont :

a) Le combat livré par la Ire armée, qu'on peut appeler le combat d'immobilisation et d'usure;

b) Les deux attaques débordantes.

Combat d'immobilisation et d'usure. — En entendant le canon sur Sadowa, la division Fransecky se porte, conformément à ses instructions, de Cerekwitz sur Benatek qu'elle enlève facilement aux postes avancés de l'ennemi; puis elle se jette dans le Swiep-wald (bois au sud de Benatek), faiblement occupé et vient garnir la lisière opposée.

Impatient de répondre à cette offensive de la division Fransecky, le commandant du 4e corps autrichien quitte, de sa propre initiative, la position, pour engager ses troupes sur le bois. Il entraîne avec lui le 2e corps pour trouver ce qu'il croit la gauche du front des Prussiens.

De 9 heures à 11 heures, la division Fransecky, complètement isolée, lutte avec une énergie admirable contre les deux corps autrichiens qui s'acharnent à vouloir lui reprendre le bois en l'attaquant de front. Vers midi, les Autrichiens se décident à contourner le bois et forcent les Prussiens à l'évacuer.

Pendant ce temps, les autres divisions de la Ire armée, mal soutenues par leur artillerie qui ne peut s'établir sur la rive est de la Bistritz, s'efforcent en vain de déboucher du bois de Sadowa, des villages de Dohalicka et de Mokrovous.

Attaque débordante de l'armée de l'Elbe. — A l'armée de l'Elbe, l'avant-garde, parvenue à 7 h 1/2 à Nechanitz, a trouvé le pont rompu.

On perd des heures à réparer le pont; de sorte que ce n'est que vers 11 heures que cette avant-garde peut occuper, sans grande résistance d'ailleurs, Hradek, le château de Hradek et Lubno. Elle forme ainsi comme une grande tête de pont protégeant le passage du reste de l'armée.

Vers 2 heures, les 14e et 15e divisions attaquent les Saxons sur Ober-Prim, Nieder-Prim et Problus.

A 2 h 1/2, le général Herwarth ayant pu réunir 66 pièces d'artillerie contre Nieder Prim, enlève ce village. A 3 h 1/2, les Saxons, menacés d'être enveloppés à Problus, évacuent le village, que Benedek fait reprendre; mais ce retour offensif est repoussé vers 4h 1/2.

A ce moment, l'offensive de l'armée de l'Elbe doit s'arrêter : les 14e et 15e divisions sont épuisées; la 16e, qui a dû laisser passer devant elle une division de cavalerie sur l'unique pont de Nechanitz, est encore à 6 kilomètres en arrière des deux autres.

Voyons ce qu'il est advenu de l'attaque débordante de la IIe armée.

Attaque débordante de la IIe armée. — Aussitôt les ordres reçus, les commandants des corps de la IIe armée mirent un empressement admirable à amener leurs divisions à l'aide de la Ire armée. Ce fut une course à toute allure : les batteries de réserve de la Garde notamment franchirent 22 kilomètres aux allures vives dans les terres labourées et détrempées par la pluie, les chevaux tombaient morts dans les traits.

A 1 h 1/2, l'avant-garde de la 1re division de la Garde

arrivait au nord de Horenowes par la route de Burglitz. La brigade de tête de la 11e division (VIe corps) arrivait près de Racitz et la tête de la 12e division (VIe corps) sur la hauteur à l'est de ce village.

Ces têtes de colonne purent d'ailleurs avancer sans difficulté puisque les 2e et 4e corps autrichiens avaient quitté leurs positions pour aller disputer le Swiep-wald à la division Fransecky.

Rappelés par Benedek qu'une dépêche, partie de Josephstadt, avait avisé de l'approche vers son flanc droit de fortes colonnes prussiennes, les commandants de ces deux corps finirent, après de longues discussions, par obéir au commandant en chef, et ils ramenèrent leurs corps à l'abri de la longue crête de Maslowed.

Pour protéger ce mouvement, ils portèrent sur la crête de Maslowed toute leur artillerie. Mais son feu ne put empêcher les têtes de colonnes prussiennes d'avancer.

Bientôt elles s'emparèrent des villages de Maslowed et de Sendrasitz et forcèrent l'artillerie autrichienne à se retirer au nord de Sweti.

Un peu avant 2 heures, la 1re division de la Garde était réunie sur les hauteurs d'Horenowes. Son chef, le général Hiller, cherchant un objectif, en l'absence du Prince royal et du général de Blumenthal encore loin en arrière, aperçoit à 4 kilomètres de là le village de Chlum. Il résolut de l'attaquer.

A 2 h 1/2 la 1re division de la Garde ayant marché à grande allure, et subi de très faibles pertes du fait de l'artillerie autrichienne, aborde Chlum et l'enlève. A 3 heures, quelques bataillons enlèvent Rosberitz.

Pendant ce temps, les têtes des 11e et 12e divisions se sont avancées sans résistance. A 3 heures, la tête de la 11e enlève Nedlitz sans coup férir; par contre, la 12e division se heurte, à Lochenitz, à des forces importantes.

En résumé, vers 3 heures, la IIe armée est maîtresse de Chlum, Rosberitz, Nederlitz et va s'emparer de Lochenitz

Cet immense résultat a été obtenu par cinq brigadesd'infanterie (moins de 30.000 homme) avec 84 canons et 20 escadrons.

La bataille est dès lors gagnée.

Mais reportons-nous à la situation telle qu'elle était à midi : l'armée de l'Elbe, embarrassée au passage de la Bistritz, la Ire armée immobilisée sur sa droite et sur son centre, refoulée sur sa gauche, demandons-nous ce qui serait arrivé si Benedek, faisant contenir par ses divisions de cavalerie et leurs batteries à cheval les têtes de colonne de la IIe armée qui lui étaient signalées descendant du nord, s'était jeté avec toutes ses forces sur la Ire armée?

Le Roi faillit donner l'ordre de la retraite. Et Bismarck raconte, dans ses souvenirs, que lui, Bismarck, caressa à ce moment la crosse de son revolver prêt à se faire sauter la cervelle comme un joueur malheureux.

L'inertie de Benedek, seule, sauva d'un désastre la Ire armée, désastre qui aurait eu sa répercussion immédiate sur la IIe. Elle permit à l'admirable énergie des troupes de la IIe armée de racheter la conduite imprudente du chef de l'État-major prussien.

Attaque générale. — Depuis 9 heures du matin le Roi et Moltke sont sur le Roskos-Berg, fort inquiets de la situation de la Ire armée. Vers 2 h 1/2 ils s'aperçoivent que le feu de l'ennemi faiblit et à 3 heures qu'il cesse peu à peu.

On en avait conclu, dit l'Historique, que l'ennemi commençait à battre en retraite et à 3 h 1/2 Sa Majesté le Roi ordonna de marcher en avant sur toute la ligne.

C'est la première intervention du Roi et de Moltke dans la bataille : elle était superflue, car, ne rencontrant plus de résistance, les troupes de la Ire armée se sont d'elles-mêmes portées en avant. Elles n'allèrent d'ailleurs pas très loin : sur les pentes de Lipa et de Langenhof, l'artillerie des

10e et 3e corps autrichiens arrêta net l'offensive de la Ire armée et, au prix il est vrai de pertes considérables, permit à l'infanterie de se retirer sans être entamée. « Il semblait dit l'Historique prussien, que l'infanterie ennemie se fût évaporée. »

Bientôt l'infanterie de la 1re division de la Garde prussienne, descendant de Chlum, obligea l'artillerie autrichienne à se retirer.

Actions de cavalerie. — A ce moment, les deux cavaleries s'efforcèrent d'entrer en lice, d'où des engagements assez confus qui n'eurent aucune influence sur le sort de la bataille.

6 heures. — A 6 heures du soir, les têtes de colonne des trois armées prussiennes se rencontraient dans une confusion inexprimable sur Westlar, Rosnitz et le bois de Bor. Le Roi et de Moltke se portèrent à la lisière de ce bois. Mais l'artillerie autrichienne massée entre Plotist et Stœsser arrêta définitivement la progression des Prussiens.

L'attaque débordante si facilement menée par la IIe armée a décidé la victoire. Il reste à exploiter cette attaque décisive.

6 h 1/2. — Mais le Roi, frappé du désordre qu'il a sous les yeux et de la fatigue des troupes, fait pour la seconde et dernière fois œuvre de général en chef par l'ordre ci-après donné à 6 h 1/2 du soir :

Demain il y aura repos pour tout le monde. Le général d'infanterie Herwarth fera poursuivre aussi loin que possible par les troupes de son corps les troupes ennemies qui battent en retraite dans la direction de Pardubitz.

Signé : DE MOLTKE

Ainsi Moltke renonce non seulement à exploiter l'attaque décisive le jour même; mais il renonce à recueillir le lendemain les fruits de la victoire puisqu'il confie la poursuite à la seule armée de l'Elbe dont deux divisions sur trois sont absolument désemparées.

Ainsi après avoir réussi, au prix de fatigues énormes et de pertes considérables, à mettre en miettes l'armée autrichienne, au moment de tout ramasser, Moltke abandonne la partie et laisse cette armée autrichienne libre de repasser l'Elbe, de se retirer, de se refaire, de reprendre la campagne sous un nouveau chef tandis que les confédérés allemands se jetteraient sur les derrières des armées prussiennes !

A quoi attribuer une pareille défaillance ?

Frappé de la désorganisation des troupes dans la zone où il s'est trouvé, le Roi, ignorant la facilité avec laquelle la IIe armée est parvenue sur le champ de bataille (car ce ne fut que fort avant dans la soirée qu'il rencontra le Prince royal), ne soupçonnant pas que cette armée a des corps entièrement disponibles, le Roi, dis-je, a jugé prudent d'arrêter là le combat.

A la guerre, a écrit Napoléon au prince Eugène, on voit ses maux, on ne voit pas ceux de l'ennemi (1).

Or, à ce moment, l'armée autrichienne, coupée des ponts situés au nord de Kœniggrætz, et à laquelle le commandant de la place de Kœniggrætz, par une singulière conception du rôle de cette place à ce moment, a fermé ses portes et par suite interdit ses ponts, l'armée autrichienne ne forme plus qu'un troupeau entièrement démoralisé à l'ouest de la place.

Le Prince royal avait chargé le général de Steinmetz, commandant le Ve corps, et le général Hartmann, commandant la division de cavalerie de la IIe armée, de conti-

(1) Et encore ceci de Napoléon « Tout est opinion à la guerre. Après une bataille perdue, la différence du vaincu au vainqueur est peu de chose, c'est cependant incommensurable pour l'opinion puisqu'alors 2 ou 3 escadrons suffisent à produire un grand effet ». (Corresp. XVII. n° 14343.)

nuer la poursuite. Ces troupes eussent été suffisantes pour tout ramasser. L'ordre de Moltke les arrêta net.

Benedek se mit en retraite le lendemain avec 160.000 hommes. Il en a perdu 45.000, sur ce nombre 25.000 manquants se retrouveront les jours suivants.

CHAPITRE XII

APRÈS LA BATAILLE

Dans la nuit du 3 au 4 juillet, l'armée austro-saxonne passa l'Elbe à Placka, à Kœniggrætz, à Pardubitz et sur un certain nombre de ponts intermédiaires. On peut imaginer dans quel désordre et quelle proie elle offrait.

Sur quel point Benedek pouvait-il faire retraite? Sur Vienne directement? Non, une retraite continue de 225 kilomètres eût achevé de dissoudre l'armée.

Le camp retranché d'Olmütz est moitié plus près et on peut espérer que les troupes autrichiennes renforcées, rassérénées, placées à Olmütz sur le flanc de la route de Vienne, empêcheront les Prussiens de marcher sur la capitale ou tout au moins les obligeront à diviser leurs forces, ce qui peut donner l'occasion de les battre en détail.

Benedek décide donc de faire sa retraite sur Olmütz, se contentant de laisser sur la route de Vienne la majeure partie de sa cavalerie qui se retirera pas à pas sur le Danube. Un corps d'armée est transporté à Vienne par voie ferrée.

En fait, la position de flanc à Olmütz n'aurait porté tous ses fruits que si cette place avait été en mesure de jouer le rôle d'un centre d'opérations, c'est-à-dire si l'armée y avait trouvé vivres, munitions, fourrages, armes, chevaux.

Reconstituées, ayant leur moral raffermi, les troupes autrichiennes auraient pu rentrer en opérations avec quelques chances de succès. En réalité la place d'Olmütz était dépourvue de tout.

Dans ces circonstances critiques pour l'Autriche, l'empereur François-Joseph donne le commandement suprême à l'archiduc Albert qui commandait sur le théâtre italien.

Le 13 juillet, l'Archiduc arrive à Vienne. Décidé à grouper toutes les troupes sur Vienne, il espère réunir 215.000 hommes et 720 canons sur la capitale qu'entoure une série d'ouvrages commencés dès l'ouverture des hostilités.

Sur le théâtre italien, il ne laisse qu'un seul corps d'armée. On espère d'ailleurs que la cession à l'Italie de la Vénétie, par l'intermédiaire de la France, arrêtera les opérations de ce côté.

Benedek reçut l'ordre de ne laisser que dix bataillons dans Olmütz et de ramener toutes ses forces par la rive gauche de la March sur Presbourg et, de là, sur Vienne. Pour conserver la disposition de la voie ferrée d'Olmütz à Vienne, il crut devoir suivre la rive droite de la March, en couvrant son mouvement par des brigades formant flanc-gardes mobiles.

Ces flancs-gardes, ayant été assaillies par les avant-gardes prussiennes, Benedek passa sur la rive gauche de la March dès le 16 juillet, et par un détour à travers les Petites Carpathes se dirigea à marches forcées sur Presbourg.

8 juillet. — Le 8 juillet, cinq jours après la bataille, Moltke s'est arrêté au plan ci-après.

Tandis que la IIe armée se dirigeant sur Olmütz et prenant sa ligne d'opération sur le Comté de Glatz, s'efforcera d'empêcher l'armée autrichienne de se reconstituer, les deux autres armées marcheront sur Vienne : la Ire armée par Brünn, l'armée de l'Elbe par Iglau.

15 juillet. — Dans la nuit du 14 au 15 juillet, on apprend au Grand Quartier Général prussien que les Autrichiens évacuent Olmütz. Ordre est donné aussitôt à la Ire armée de marcher sur Lundenburg, croisement des voies de Brünn et d'Olmütz sur Vienne, afin de couper à l'ennemi la route de Vienne. L'armée de l'Elbe se portera sur Wülfersdorf pour couvrir ce mouvement contre les troupes autrichiennes qui pourraient déboucher de Vienne ou de Presbourg.

Enfin la IIe armée est invitée à rapprocher deux de ses corps de la Ire armée pour participer à la nouvelle bataille que l'on espère.

Mais, comme nous venons de le voir, l'armée autrichienne, qui a une certaine avance, s'est jetée dans les Petites Carpathes et s'efforce d'atteindre à marches forcées et par un détour le Danube à Presbourg.

Les armées prussiennes reprirent alors leur marche sur Vienne et, le 19 juillet, Moltke donne des ordres pour réunir les trois armées sur le champ de bataille de Wagram.

Traité de Nikolsburg (28 juillet). — Le 20 juillet, l'intervention de la France provoque l'armistice de Parsdorf, point de départ du traité de Nikolsburg qui est signé le 28 juillet.

Les bases de la paix proposée par la France sont les suivantes :

1° Maintien de l'intégrité territoriale de l'Autriche. Cette puissance est placée en dehors de l'Allemagne, qui recevra une nouvelle organisation;

2° Création d'une Allemagne du Nord sous la direction militaire de la Prusse;

3° Formation d'une Allemagne du Sud, avec maintien du lien national entre l'Allemagne du Nord et l'Allemagne du Sud, sur des bases à régler par une entente commune des États allemands.

Le premier pas vers l'unité allemande sous l'hégémonie prussienne était fait, et c'était sous les auspices de la France !

Sont complètement incorporés à la Prusse : le Hanovre, la Hesse Électorale, le duché de Nassau, la ville de Francfort-sur-le-Main, et le Sleswig-Holstein. Cette annexion de 4 millions 1/2 d'habitants portait la population de la

Prusse à près de 24 millions. Au lieu d'un territoire allongé et coupé en son milieu, la Prusse forme maintenant un grand tout compact et cohérent, où l'on trouve seulement quelques enclaves. Il n'est plus besoin, pour passer d'une partie à l'autre, de traverser des pays étrangers.

L'intégrité de la Saxe était respectée; « en l'admettant dans la Confédération de l'Allemagne du Nord, la Prusse s'assurait une alliée fidèle et sûre », dit l'historique prussien.

En fait, du programme général de Bismarck, consistant à organiser l'Allemagne sous l'hégémonie prussienne, la première partie est réalisée par cette lutte contre l'Autriche sans l'intervention armée de la France.

Lorsqu'on aura digéré ses conquêtes et pris d'elles de nouvelles forces, le moment sera venu d'aller jusqu'au bout du programme, par une lutte contre la France sans intervention de l'Autriche. En prévision de cette nouvelle lutte, Bismarck ne veut pas mettre entre la Prusse et l'Autriche l'irréparable; Guillaume Ier, à qui Bismarck ne dévoile pas tout son plan, voudrait épuiser son triomphe. Maintenant que sa convoitise est allumée, il voudrait toute l'Allemagne, même la Bohême.

Autre chose encore le tente : des avant-postes il aperçoit les clochers de Vienne. Va-t-il s'arrêter aux portes de cette capitale sans consacrer sa victoire par une entrée triomphale, au prix même d'une nouvelle bataille qu'on peut envisager sans crainte?

Mais, dit l'historique prussien, une sage politique mesure ses projets sur la nécessité et non sur des désirs.

Le résultat obtenu est beau, on peut, pour l'instant, s'en contenter, sans risquer de tout compromettre en donnant à la France la possibilité d'intervenir.

L'Autriche n'avait reçu ni dans son honneur, ni dans sa puissance, une de ces blessures qui engendrent une haine éternelle entre deux États. Il ne pouvait pas être de l'intérêt de l'Allemagne ni de celui de la Prusse, de mettre pour toujours un fossé entre la Prusse et l'Autriche (1).

Tout en maugréant, en qualifiant cette paix de *paix honteuse*, Guillaume finit par signer.

(1) *Historique*, p. 589.

CHAPITRE XIII

CONSIDÉRATIONS CRITIQUES

Stratégie.

En stratégie, Moltke a incontestablement suivi les enseignements de Clausewitz dont tout le Grand État-major prussien était nourri.

Le *but de la guerre*, pour Clausewitz, c'est la destruction des forces armées de l'adversaire et cela en ramenant tout, autant que possible, à une seule bataille décisive.

Comment les armées doivent-elles aller à cette bataille décisive? Se rappelant les déboires des Alliés pendant la campagne de 1814 en France, Clausewitz veut que l'on tienne les armées aussi rapprochées que possible. « Les armées ne se séparent pas comme les danseurs dans une figure de quadrille pour avoir le plaisir de se réunir ensuite avec force grâces et révérences. »

Le bloc des armées étant formé.

> la théorie, a écrit Clausewitz, exige que pour marcher au but on prenne la ligne la plus courte... Napoléon n'a jamais fait autrement.

En quoi Clausewitz montre qu'il n'a rien compris à la manœuvre napoléonienne (1), mais passons et continuons.

S'il est partisan d'une marche des armées en un bloc,

(1) Voir mon petit volume : *Le système de guerre de Napoléon* (Berger-Levrault).

Clausewitz ne condamne pas pourtant *a priori* le partage initial des forces et leur marche convergente.

Il peut se présenter, a-t-il écrit, des situations qui motivent et justifient le partage initial des forces et leur marche convergente: par exemple, lorsque la concentration initiale entraînerait des détours, des retards, et ferait par suite manquer l'effet de surprise. Il est bien entendu qu'on ne doit adopter ce procédé que s'il n'expose pas à des dangers sérieux.

Ce procédé donne d'ailleurs de réels avantages, car, sous le coup d'actions convergentes, l'adversaire n'est pas seulement battu, mais plus ou moins coupé; de plus, ce procédé permet de faire vivre plus facilement les troupes.

Lorsque Frédéric voulut entrer en Bohême, en 1757, il le fit en deux masses séparées, l'une partant de Saxe et l'autre de Silésie. Deux raisons principales l'avaient déterminé à le faire : ses masses, au sortir des quartiers d'hiver, étaient placées de telle sorte qu'une jonction préalable lui enlevait tout espoir de surprendre l'adversaire; de plus, ce mouvement concentrique prenait les deux théâtres d'opération autrichiens en flanc et par derrière. Le danger auquel s'exposait Frédéric était de voir une de ses armées accablée par un ennemi supérieur... Si Frédéric a pu spéculer d'une part sur la précision de ses mouvements, l'énergie de ses généraux et sa supériorité morale, et d'autre part sur la lourdeur et la passivité des Autrichiens, si toutes ces raisons bien pesées lui paraissaient suffisantes pour assurer le succès de la manœuvre, qui donc oserait le blâmer de l'avoir risquée?

On peut être assuré que Moltke a longuement médité ces lignes.

Le Roi voulait laisser à l'Autriche la responsabilité de déclarer la guerre. Il fallait donc retarder le plus possible l'ordre de mobilisation.

Pour rassembler chaque armée le plus rapidement possible, il fallait mettre en œuvre au mieux les faisceaux de voies ferrées du royaume.

Aussi bien pour protéger tout le territoire pendant l'exécution de la mobilisation que pour utiliser au mieux le réseau ferré, le déploiement stratégique en trois groupes s'imposait : en Silésie, en Lusace, sur les frontières de la Saxe.

Pendant ce temps où pouvait-on prévoir la réunion des forces autrichiennes ? En Bohême évidemment; autour d'Olmütz, place forte et nœud des voies ferrées, pour se porter ensuite vers Prague.

Pour obéir au précepte posé par Clausewitz et marcher en bloc sur Prague, fallait-il donc réunir tout d'abord les forces à l'ouest de Gœrlitz ? N'était-il pas possible de les réunir en Bohême même par des marches convergentes ? En quel point ? On choisit Gitschin comme plus rapproché des trois armées qu'Olmütz, point de réunion probable des forces autrichiennes, ce qui donnait grand espoir de l'atteindre sans encombre.

Et si les Autrichiens arrivaient à temps à Prague ou au nord de la Bohême en position centrale entre les trois armées prussiennes ? C'était évidemment un risque à courir. Mais la guerre des duchés avait permis à Moltke de se rendre compte de la médiocrité de l'état-major autrichien. Et comme Frédéric, c'est sur cette médiocrité qu'il tabla.

C'est un principe qui n'admet pas d'exception, a écrit Napoléon, que toute jonction de corps d'armée doit s'opérer en arrière et loin de l'ennemi.

Et pourtant ce procédé réussit à Moltke en 1866. Pourquoi ?

Pourquoi, tout d'abord, Benedek s'est-il attardé jusqu'au 17 juin à Olmütz ? Du jour où il connut la séparation des forces prussiennes en deux masses, le seul plan convenable, le seul qu'eût pris, comme il l'a écrit lui-même, tout homme de bon sens, c'était de se porter le plus rapidement possible entre les deux masses pour être en mesure

(1) Napoléon, *Précis des événements militaires arrivés pendant les six derniers mois de 1799*. 5e observation.

de les accabler successivement. Il a cette chance que les Prussiens se soient séparés en deux masses et il hésite à se porter en position centrale au nord de la Bohême?

Ce n'est pas le 17, mais le 14 au soir, dès qu'on apprit la résolution de la Diète, qu'il fallait se porter à Pardubitz. On pouvait d'ailleurs prévoir le vote de la Diète et s'y préparer; on était sûr qu'il entraînerait l'entrée en Saxe des Prussiens, il fallait donc se porter de ce côté pour être à même de recueillir l'armée saxonne.

Ce faisant, qu'avait-on à craindre? de voir les forces prussiennes de Silésie se porter sur Vienne? Évidemment non; elles se fussent ainsi écartées davantage encore de l'autre masse. Tout au plus auraient-elles pu essayer de couper la voie ferrée d'Olmütz à Pardubitz. Cette voie, on pouvait la faire garder temporairement par une partie de la cavalerie qui eût mieux été employée là que dans les montagnes, et par un corps d'armée, qu'on eût ensuite ramené par voie ferrée près des autres.

On devait d'ailleurs, pour le cas où cette voie d'Olmütz à Pardubitz serait coupée, prévoir un changement de ligne de communication sur la voie Prague—Pilsen—Ratisbonne—Passau—Linz. Le tronçon Ratisbonne—Passau est, il est vrai, sur le territoire bavarois; mais le Gouvernement bavarois n'eût pas fait de difficulté pour accorder libre passage. Ce fut une des craintes de Moltke énoncée dans plusieurs de ses mémoires.

Mais prenons les événements tels qu'ils se sont passés.

Le 17 juin, Benedek se décide à gagner la région de Pardubitz pour se mettre en position centrale entre les deux masses ennemies.

Pour l'instant, ce qui importe, c'est évidemment d'empêcher les Prussiens de déboucher des montagnes au nord et à l'est, de façon à laisser au gros le temps de gagner la position centrale choisie : c'était le seul moyen de se réserver une zone de manœuvre assez large pour pouvoir écraser une des masses et revenir ensuite sur l'autre.

Contre les forces ennemies du Nord, il fallait donc porter le 1er corps (Clam-Gallas) dans les montagnes mêmes avec ordre de s'y fortifier et de recueillir le corps saxon.

Ces deux corps réunis devaient s'opposer, aussi longtemps qu'ils le pourraient sans se compromettre, au débouché des colonnes prussiennes. Ce n'est pas la peine d'avoir comme frontière de vraies montagnes pour ne pas s'en servir.

Napoléon s'est grandement servi de ces mêmes montagnes, en sens inverse, en 1813.

Quand cette armée de deux corps qu'on peut qualifier armée d'observation aurait été forcée de se replier, sa retraite, prévue, préparée, devait se faire lentement de façon à retarder les colonnes de Frédéric-Charles sans se compromettre. Les procédés de retardement sont connus : ils consistent à prendre position sur quelques coupures du terrain pour forcer l'ennemi à se déployer, puis, ce résultat obtenu, à se dérober pour recommencer le même jeu plus loin. On a vu, à Münchengrætz, à Gitschin, combien Frédéric-Charles avait « le déploiement facile ». Il eût été possible de gagner ainsi trois ou quatre jours.

Deux ou trois divisions de cavalerie, attachées à cette armée d'observation, auraient jeté un voile épais devant les Prussiens.

Il était plus facile encore d'empêcher le Prince royal de déboucher, non pas à Trautenau, à Nachod, mais dans les gorges mêmes des montagnes, c'est là qu'il fallait porter les avant-gardes des 6e et 10e corps avec des troupes du génie pour organiser défensivement les passages. Ces troupes pouvaient être envoyées en chemin de fer. Une voie ferrée aboutissait à Trautenau.

Ces avant-gardes auraient été rejointes par leurs corps avant d'avoir couru aucun danger.

A voir ce qui s'est passé à Trautenau, on peut croire

que les 6e et 10e corps, s'ils avaient été bien dirigés et sous un commandement unique, auraient empêché le Prince royal de déboucher, ou tout au moins auraient retardé assez sa marche pour donner à Benedek le temps d'écraser les cinq corps de Frédéric-Charles avec six corps et quatre divisions de cavalerie.

Dans la réalité des choses, Benedek, nous l'avons vu, aurait pu, le 27, profiter de ce que la IIe armée débouchait devant lui pour l'écraser.

Il aurait pu avoir le 27, de bonne heure, le 10e corps à Trautenau, le 4e corps à Eipel, le 6e corps à Nachod formant une première ligne en arrière de laquelle il eût disposé du 3e et du 8e corps.

En un mot, dans la journée du 27, il pouvait présenter cinq corps à la IIe armée prussienne qui ne disposait que de trois corps échelonnés par division, sur quatre routes et sans liaison entre eux (le VIe corps étant trop éloigné pour que le Prince royal pût le mettre en ligne).

Il n'est pas douteux qu'un échec, subi par le Prince royal, eût rabattu la confiance des Prussiens et singulièrement aidé Benedek à triompher de Frédéric-Charles. Mais il eût fallu pour cela faire des marches forcées, user de la voie ferrée, ces marches forcées Benedek ne sut les faire que pour la retraite.

En résumé, ce qu'il faut retenir, c'est que la réunion par marches convergentes a réussi non pas en raison de la valeur stratégique de ce procédé, mais par suite de l'inertie de Benedek.

Le 30 juin, la réunion des trois armées prussiennes était virtuellement réalisée et l'Historique prussien dit ceci :

Ainsi à partir de ce moment, les deux armées prussiennes (Ire et IIe) étaient entièrement libres d'opérer leur jonction immédiate si les circonstances faisaient juger cette mesure nécessaire. *On préféra les laisser séparées.* Cette division, sans danger au point de vue stratégique, avait de très grands avantages au point de vue tactique.

Si après avoir réuni les deux armées en un seul bloc, on venait à rencontrer l'ennemi sur une position d'où l'on ne pourrait le déloger en l'attaquant seulement de front, il fallait les diviser de nouveau afin de pouvoir exécuter contre lui une attaque de flanc.

Au contraire, en maintenant les deux armées à une petite journée l'une de l'autre, aucune d'elles ne courait de danger si l'ennemi venait à l'attaquer, car il serait pris lui-même en flanc par l'autre (1).

Que sait Moltke à ce moment sur l'ennemi?

Ce serait à sa cavalerie à le renseigner, mais soit qu'elle ait peur de la cavalerie autrichienne réputée, soit parce qu'on la veut ménager, elle est derrière l'infanterie et ne renseigne pas.

Moltke, lui, attribue à l'ennemi ce qui serait le plus avantageux à cet ennemi : d'avoir pris position derrière l'Elbe.

Et alors voilà qu'il imagine de porter toutes ses forces par une marche de flanc devant la position ennemie, sur Pardubitz, en arrière de l'aile gauche des Autrichiens pour les déloger de leur position en les menaçant de les couper de Vienne. C'est la manœuvre de Kolin si vivement critiquée par Napoléon dans ses écrits de Sainte-Hélène.

Ne faites jamais de marche de flanc devant une armée qui est en position, conservez avec soin et n'abandonnez jamais de gaîté de cœur votre ligne d'opération.

Je rappelle en deux mots cette manœuvre de Kolin.

Le 4 mai 1757 Frédéric par sa victoire de Prague avait enfermé dans cette place le prince de Lorraine avec son armée que la bataille avait réduit de 70.000 à 40.000 hommes.

Le maréchal Daun, qui s'avançait avec une autre armée

(1) *Historique prussien*, p. 203.

pour joindre le prince de Lorraine, apprenant sa défaite, rétrograda jusqu'à Kolin sur l'Elbe à 45 kilomètres à l'est de Prague.

Frédéric le fit suivre d'abord par Bevern avec 25.000 hommes, puis, ne laissant devant Prague que les forces nécessaires à bloquer la place, il accourut avec des renforts.

Le 16 juin au matin, Frédéric porta son armée par lignes vers Kolin, en suivant la grand'route de Planian à Kolin.

En arrivant à Planian, Frédéric s'aperçut que l'armée autrichienne était venue durant la nuit garnir les hauteurs à 500 mètres au sud de la route, la gauche à Brezan, le centre à Chocenic, la droite à Kreckor.

Frédéric croyant, d'après le terrain, l'attaque plus facile par la droite (Kreckor) que par la gauche (Brezan), fit continuer la marche en colonne pour porter toute son armée sur Kreckor. Mais les Autrichiens descendant des hauteurs l'attaquèrent. La colonne ne put continuer sa route.

Malgré des efforts admirables, l'armée prussienne dut se retirer en laissant son artillerie sur le terrain. A la suite de cette défaite Frédéric leva le siège de Prague.

Napoléon à Sainte-Hélène a vivement critiqué la manœuvre de Frédéric qui ressort à son ordre oblique :

Il y a deux principes de guerre qu'on ne viole pas impunément, le premier: ne faites pas de marches de flanc devant une armée qui est en position; le deuxième: conservez avec soin et n'abandonnez jamais de gaîté de cœur votre ligne d'opération.

Les partisans de l'ordre oblique, admirent la manœuvre du Roi à la bataille de Kolin; et, quoiqu'elle ait eu les suites les plus fâcheuses, ils n'en persistent pas moins dans leur engouement. Les uns disent qu'il s'est vu arracher la victoire par la faute d'un chef de bataillon, qui a, mal à propos, ordonné un à-droite en bataille, et a arrêté la marche de l'armée. D'autres, plus raisonnables, disent que la manœuvre du Roi eût dû être faite de nuit; que par là il eût évité le feu de l'armée autrichienne, qui ne l'aurait pas aperçu; qu'au jour, il aurait étonné, surpris, battu, rompu et mis en déroute son adversaire.

Sans doute que c'est une fort belle chose que de surprendre son ennemi; mais pourquoi s'arrêter à tourner une aile? Il vaut mieux prendre l'armée à dos, se saisir de ses parcs, de ses canons sur leurs avant-trains, de leurs munitions.

La perte de la bataille de Kolin doit être attribuée à la violation du premier des principes dont nous avons parlé plus haut. Si Frédéric avait eu affaire à un autre général que Daun, qui, après la bataille, resta douze jours dans son camp à chanter des *Te Deum*, il eût cruellement senti les conséquences de la violation du principe d'abandonner sa ligne d'opération. Ses débris n'eussent jamais rejoint ni ses magasins, ni l'armée devant Prague. Il ne s'en fut jamais relevé.

L'ordre de Moltke que nous avons vu plus haut ne remédiait ni à l'un ni à l'autre des dangers signalés par Napoléon pour la manœuvre devant un général capable. Mais Benedek (1)!

Quoi qu'il en soit, nous avons vu Frédéric-Charles, soit qu'il crût réellement, en raison de la présence de corps autrichiens sur la Bistritz, à une offensive de Benedek qui aurait atteint l'armée prussienne pendant sa marche de flanc, soit qu'il désapprouvât la manœuvre de Moltke, arrêta cette marche sans en référer au Roi et organisa une bataille à double enveloppement, Cette forme allait devenir chère au G. E. M. A. Elle a été, avant 1914, prônée par Schlieffen, chef de ce grand E. M., sous la dénomination de bataille de Cannes. Elle a donné à Ludendorff en 1914 la belle victoire de Tannenberg.

Les troupes et leur armement.

Il n'a pas été question dans cette étude, de l'armement

(1) On peut rapprocher de la manœuvre de Kolin la manœuvre de l'Alpone (Arcole) que Napoléon fit en 1796 contre les Autrichiens installés sur la position de Caldiro. Mais ce n'est pas une attaque de flanc que fit Bonaparte; il voulait porter *toute* son armée à Villanova, village où la ligne de retraite des Autrichiens franchissaient l'Alpone et d'où il les eût attaqués, ayant déjà mis la main sur leurs parcs de vivres et de munitions.

Bonaparte fit une manœuvre de nuit, derrière le rideau couvert fourni par l'Adige.

Cette manœuvre, Moltke la renouvellera, sans plus de précautions, en 1870 devant notre armée de Metz, Bazaine était un autre Benedek.

des deux adversaires, c'est qu'en réalité, si important que soit l'armement, il n'a pourtant qu'une influence secondaire.

Infanterie. — Après 1866, on a souvent répété que les victoires des Prussiens étaient dues au fusil à aiguille. Le vrai c'est ce qu'écrivait à Napoléon III, le 8 juillet 1866, le colonel Stoffel qu'il avait envoyé en Bohême pour étudier les événements de cette guerre (2).

On a cru devoir attribuer à l'armement de l'infanterie prussienne la plus grande part dans ses succès; mais l'erreur est complète, et la supériorité d'armement n'a constitué qu'un avantage secondaire.

Les avantages que l'armée prussienne a retirés de la supériorité de l'armement de son infanterie, bien qu'on se soit plu à les exagérer, sont cependant incontestables; mais ils ont tenu beaucoup moins à la rapidité du tir qu'à la confiance du soldat prussien dans son arme.

On ne cite pas un seul combat où les Autrichiens aient pu les aborder (les soldats prussiens) à la baïonnette, malgré les recommandations faites à ce sujet par le général Benedek dans une de ses proclamations.

Il serait erroné de croire que, si l'infanterie autrichienne n'a jamais réussi à aborder l'infanterie prussienne, c'est grâce à la rapidité du tir de cette dernière : c'est bien plutôt grâce à la fermeté et au sang-froid qu'a donnés aux troupes prussiennes la conviction d'être inabordables, armées comme elles l'étaient d'un fusil qui, après un premier coup tiré, permet, par un chargement rapide, d'en tirer un second au besoin, puis un troisième. C'est ce sang-froid et cette fermeté, nés de la confiance qu'on s'était attaché à développer pendant quinze ans, qui ont permis à l'infanterie prussienne, composée de soldats sans expérience de la guerre, de donner des feux tranquilles et sûrs, à l'égal des troupes les plus aguerries (1).

Artillerie. — L'artillerie prussienne, par son allant, mérite des éloges.

---

(1) Rapports militaires.

Cavalerie. — La cavalerie, soit prussienne soit autrichienne, n'a joué qu'un rôle insignifiant.

prussienne. — Le fait le plus typique est l'ignorance où elle a laissé Frédéric-Charles la veille de Sadowa.

autrichienne. — La cavalerie autrichienne, pourtant si réputée, n'a pas mieux éclairé le Haut Commandement. Pendant la bataille même de Sadowa, alors qu'elle aurait pu, avec son artillerie, rendre de grands services en retardant les colonnes prussiennes débordantes, elle a été tenue inerte derrière le centre. Elle a chargé au dernier moment sans effet utile.

A quelle cause attribuer le peu de rendement de la cavalerie notamment dans le service d'exploration? A la préoccupation des chefs de ménager pour les charges du champ de bataille une arme coûteuse et difficile à former.

La cavalerie demande de l'audace, de l'habileté et surtout de ne pas être dominée par l'esprit de conservation et d'avarice, a écrit Napoléon (T. 31, p. 428). Ce qu'on pourrait faire avec une grande supériorité de cavalerie bien armée de fusils de dragons, et avec une artillerie légère nombreuse et bien attelée, est incalculable. (Napoléon.)

***

Somme toute, Moltke venait de faire un très fructueux exercice de guerre. Il avait pu voir ce qui manquait encore à la machine prussienne pour fonctionner correctement. Il avait donné au Roi confiance dans son armée. On allait donc pouvoir, après une nouvelle préparation et débarrassé de tous soucis du côté de l'Autriche, resserrer par une action commune contre la France, les liens encore trop lâches entre les États allemands et la Prusse et fonder, sous l'hégémonie prussienne, l'Empire allemand. Grâce à Bismarck, le nouveau conflit put éclater à moins de quatre ans de là.

Ce serait un très intéressant exercice que l'étude d'une vraie manœuvre napoléonienne sur les derrières des forces autrichiennes installées snr la Bistritz, avec les trois armées prussiennes. — Il leur aurait fallu venir par Pardubitz, attaquer par derrière la ligne de l'Elbe et l'occuper comme barrière stratégique.

Il aurait fallu prendre la voie ferrée sur Dresde comme unique ligne de communication et organiser sur l'Elbe un centre provisoire d'opération, protégé contre des tentatives venant de Prague.

Une telle manœuvre, bien préparée, aurait pu réussir et donner l'anéantissement complet des forces autrichiennes que Sadowa n'a pas donné.

1er Novembre 1928.

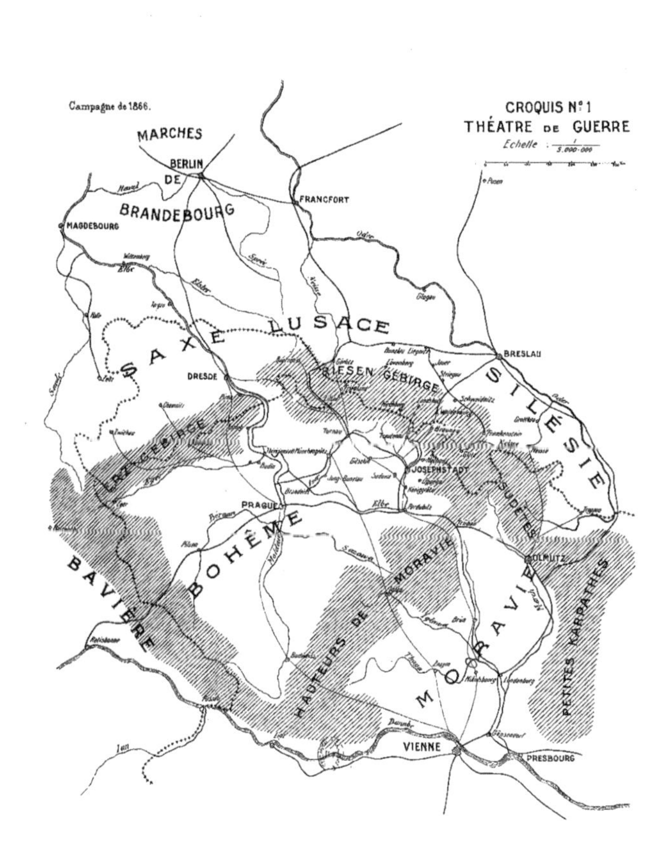
Campagne de 1866.
CROQUIS N° 1
THÉATRE DE GUERRE
Echelle : 1/5.000.000
MARCHES
BERLIN
DE
BRANDEBOURG
MAGDEBOURG
FRANCFORT
LUSACE
SAXE
DRESDE
BRESLAU
RIESEN GEBIRGE
SILÉSIE
ERZ GEBIRGE
JOSEPHSTADT
SUDÈTES
PRAGUE
BOHÊME
BAVIÈRE
OLMUTZ
HAUTEURS DE MORAVIE
MORAVIE
PETITES KARPATHES
VIENNE
PRESBOURG

Campagne de 1866.

KŒNIGGRAETZ

3 Juillet

OUVRAGES CONSULTÉS

ÉTAT-MAJOR PRUSSIEN. — Histoire de la campagne de 1866 (rédigée par la Section historique de l'État-major prussien).

ÉTAT-MAJOR AUTRICHIEN. — Les luttes de l'Autriche en 1866, traduction du capitaine Crousse.

MOLTKE (Mal de). — Correspondance militaire, 5e volume.

MOUCHON (Capitaine). — Campagne de 1866 (Cours de l'École d'application). 1901.

RUSTOW (Colonel). — Guerre de 1866 (1866).

BONNAL (Général). — Sadowa (1901).

C. DE RENÉMONT. — Campagne de 1866. *Spectateur militaire*, 1900.

ROTHAN. — Souvenirs diplomatiques.

STOFFEL. — Rapports militaires (1866-1870).

SCHNEIDER. — L'Empereur Guillaume.

TABLE DES MATIÈRES

TROISIÈME PARTIE

IMPRIMERIE BERGER-LEVRAULT, NANCY-PARIS-STRASBOURG — 1929

Maréchal FOCH

DES PRINCIPES DE LA GUERRE

8e édition. Un volume grand in-8, avec 25 croquis . . . . 24 fr.

DE LA CONDUITE DE LA GUERRE

LA MANŒUVRE POUR LA BATAILLE

7e édition. 1927.

Volume grand in-8, avec 13 cartes et croquis. . . . . 24 fr.

Général CAMON

POUR APPRENDRE L'ART DE LA GUERRE

Avec 30 croquis ou cartes et 1 tableau synoptique hors texte des principales manœuvres de Napoléon

1928. Un volume in-8 . . . . 15 fr.

LA MANŒUVRE DE WAGRAM

1926. Un volume in-8, avec 8 croquis dans le texte et une carte hors texte, broché . . . . 6 fr.

www.ingramcontent.com/pod-product-compliance
Ingram Content Group UK Ltd.
Pitfield, Milton Keynes, MK11 3LW, UK
UKHW021548260726
13993UKWH00002B/712

9 782329 208060